鹿島 茂 コレクション 3

モダン・パリの装い

19世紀から20世紀初頭のファッション・プレート

鹿島 茂

求龍堂

2-2
ライトベージュのパーケール（目の細かい平織り綿布）のキャポット（あご紐つきボンネット帽）。フィシュ（三角形の肩掛け）とタータンチェックの編み上げ靴。パーケールの小さな日傘　(No.2)

Capote de perkale écrue. Fichu et brodequins écossais. Ombrette de perkale.　アンクロワイヤーブル・エ・メルヴェイユーズ

Laure de Noves. Née en 1308, Morte en 1348. D'après un portrait à l'huile du cabinet de l'éditeur.

散歩の装い　1830年 (Pl. 76)
Toilette de Promenade.　ラ・モード　1830年

CHARLES MARTIN

La Surprise.
— Dépêchons-nous pour être prête à temps!
— Hélas!... Que ne suis-je celui qu'elle attend!

GEORGES LEPAPE

11-4
『ジョルジュ・ルパップが見たポール・ポワレの作品』より　1911年
Les Choses des Paul Poiret vues par Georges Lepape

ANDRÉ ÉDOUARD MARTY

39-6
未開人たちの舞踏会　1919年 (Pl. VI)
Le Bal de Sauvages　モード・エ・マニエール・ドージュルデュイ　1919年

目次

ファッション・プレートの誕生　鹿島茂　13

◆ 19世紀のイラストレーター　49
◇ オラース・ヴェルネ　50
　第1章　VERNET　ファッション・プレート
　　1 『ジュルナル・デ・ダム・エ・デ・モード』　51
　　2 『アンクロワイヤーブル・エ・メルヴェイユーズ』　59

◇ ルイ=マリ・ランテ　76
　第2章　LANTÉ　ファッション・プレート
　　1 『ジュルナル・デ・ダム・エ・デ・モード』　78
　　2 『アンクロワイヤーブル・エ・メルヴェイユーズ』　77
　　3 『パリの女性の服装：パリの働く女たち』　81
　　4 『コー地方、および古ノルマンディー地方のいくつかの郡の女性の衣装』　85
　　5 『ハンブルク、ティロル、オランダ、スイス、フランケン、スペイン、ナポリ王国等の女性の衣装』　89
　　6 『上流階級と中流階級』　91

　第3章　LANTÉ　挿絵本
　　7 『才能、地位、美貌により有名となった女性たちのフランス・ギャラリー』　97

◇ カヴァルニ　108
　第4章　GAVARNI　ファッション・プレート
　　8 『ラ・モード』　109

　第5章　GAVARNI　挿絵本
　　9 『フランス人の自画像』　130
　　10 『パリの悪魔』　132

◆ 20世紀のイラストレーター　133
◇ ジョルジュ・ルパップ　134
　第6章　LEPAPE　ファッション・プレート
　　11 『ジョルジュ・ルパップが見たポール・ポワレの作品』　135
　　12 『モード・エ・マニエール・ドージュルデュイ（今日のモードと着こなし）』1912年　140
　　13 『モード・エ・マニエール・ドージュルデュイ（今日のモードと着こなし）』1914-19年　145
　　14 『ガゼット・デュ・ボン・トン―芸術、モード、アクセサリー』　150
　　15 『フイエ・ダール』　154

　第7章　LEPAPE　定期刊行物・ポスター他
　　16 『ヴォーグ』　155
　　17 出所不明のイラスト　155
　　18 『私たちの洗礼』　155
　　19 ポスター『ファッション業界舞踏会　シャン・ゼリゼ劇場にて　2月14日土曜日』　156

　第8章　LEPAPE　挿絵本
　　20 『青い鳥―夢幻劇―』　157
　　21 『アルフレッド・ド・ミュッセ作品全集』　157

◇ シャルル・マルタン　158
　第9章　MARTIN　ファッション・プレート
　　22 『マルセル・ドゥメイの店の1912年のモード』　159
　　23 『ジュルナル・デ・ダム・エ・デ・モード』　160

24　『モード・エ・マニエール・ドージュルデュイ（今日のモードと着こなし）』1913年　162
　25　『ガゼット・デュ・ボン・トン―芸術, モード, アクセサリー』　168
　26　『フイエ・ダール』　170

第10章　MARTIN　定期刊行物
　27　『ル・スーリール』　171
　28　『ラ・ヴィ・パリジェンヌ』　172
　29　『ファンタジオ』　172

第11章　MARTIN　挿絵本
　30　『植木鉢の下で』　173
　31　『スポーツと気晴らし』　175
　32　『貴社の栄光と商品の高品質に常に配慮せよ！　瑕瑾（かきん）なければ、貴社の利益は社会全体の利益となるにちがいない』　179
　33　『ティト・バッシのヒロイックな幻影』　182
　34　『アルフレッド・ド・ミュッセ作品全集』　182
　35　『ワイン閣下, 酒飲み術　準備し, 給仕し, 飲む』　183
　36　『ブランブル大佐の沈黙』　185
　37　『オグラディ博士の演説』　185

◇　アンドレ・エドゥアール・マルティ　186

第12章　MARTY　ファッション・プレート
　38　『ガゼット・デュ・ボン・トン―芸術, モード, アクセサリー』　187
　39　『モード・エ・マニエール・ドージュルデュイ（今日のモードと着こなし）』1919年　192

第13章　MARTY　定期刊行物, 他
　40　『イリュストラシオン　クリスマス特集号』　196
　41　『フェミナ』　196
　42　『私たちの洗礼』　196

第14章　MARTY　挿絵本
　43　『誘惑者』　197
　44　『フローラの王冠』　200
　45　『アルフレッド・ド・ミュッセ作品集』　203
　46　『ある子供の物語』　203
　47　『ビリチスの歌』　204
　48　『聖書物語』　204
　49　『君とぼく』　205
　50　『カリストーディアナの小さなニンフ』　205
　51　『ペレアスとメリザンド』　209
　52　『青い鳥』　206
　53　『トリスタンとイズーの物語』　209
　54　『3つの物語』　210
　55　『シルヴィーヴァロワの思い出』　210
　56　『雅歌』　211
　57　『聖ヨハネ祭の夜』　211

第15章　MARTY　楽譜・ポスター・原画
　58　楽譜『ゴベイ薬学研究所』　212
　59　ポスター『第25回 装飾美術家協会展　会場グラン・パレ　会期5月3日-7月14日』　214
　60　『ボン・マルシェ・デパート』1月の年初セールのためにつくったパンフレット　214
　61　『赤ずきんちゃん』フェルナン・ナタン刊　214
　62　マルティの原画『ヴォーグ・アイ ヴュー・オブ・ザ・モード』　215
　63　マルティの原画『トリエンナーレ・ド・パリ　国際現代美術展』　216
　64　マルティの原画『ベル・ジャルディニエール：制服』　216

ファッション・プレートと絵画――19世紀における風俗版画と絵画との関係　小野寛子　218

主要参考文献　224
作品目録　226

ファッション・プレートの誕生
版画という複製芸術のオリジナリティ

鹿島茂

　「鹿島茂コレクション」と銘打った展覧会もこれで3回目。さて、今回はどんなコレクション展にしようかと考えて収集したアイテムを眺めわたしているうちに、自分のコレクションというものが何を核にして形成されてきたのか、それが少し見えてきたような気がするので、まず、そのことを記しておくことにする。

　私が自分でも意識しないうちに強く魅せられて、コレクションにのめりこんだもの、それは、ひとことでいえば「複製芸術のオリジナリティ」というパラドックスではないかと思う。

　原則的にいって、版画に始まり、アナログ写真を経てデジタル映像にいたる複製芸術というのは、オリジナルがあって初めて成り立つのを本質としている。この「オリジナルのコピー」という一点において、版画や写真は、オリジナルな芸術品、すなわちファイン・アートに劣るものと見做され、二流芸術扱いされてきたし、いまも根強くその風潮は残っている。

　ところが、版画を長く収集してきたコレクターからすると、オリジナルがコピーに勝っているというのは本当かという疑問が残るのだ。むしろ、優れたコピーはオリジナルに勝るのではないかという感想を抱くことが少なくない。

　それは、めったにないことだが、イラストレーターの描いた版画の原画（オリジナル）というものが残っている場合、原画（オリジナル）と版画（コピー）を見比べたときに強く感じることなのである。

　極端にいってしまうと、その印象は、ファイン・アートの画家のタブローとその下絵の関係に似ている。違いは、下絵をタブローに「仕上げた」のは画家自身であるが、イラストレーターの原画を版画にまで「仕上げた」のはイラストレーター自身ではなく、彫り師と刷り師といった、イラストレーター以外の職人であるという点である。換言すれば、イラストレーターの描いた原画は、それ自体では芸術品ではなく、彫り師と刷り師などの職人技が加わって初めて芸術品に「仕上がる」類いの未完成品であるということなのである。この意味では、複製芸術というのは、本質的に「複人芸術」である。

　そして、「複人芸術」であるという点において、彫り師や刷り師に人を得なければ、オリジナルたるイラストレーション原画がいかに素晴らしいものであっても、版画が素晴らしい「芸術品」にはならないのである。さらにいうなら、版画は、彫り師や刷り師といった職人に、他の職人を凌駕するオリジナルな技量が備わっていなければ、完璧な版画とはならないということである。

　そう、版画とは、原画のオリジナリティに、彫り師や刷り師などの職人のオリジナリティが複合的に加わったときに初めて「オリジナル」な版画となる複合芸術であるということだ。この「複合芸術のオリジナリティ」こそが、私が冒頭で述べた「複製芸術のオリジナリティ」というパラドックスなのである。

　ところで、少し考えればすぐにわかるように、イラストレーターと彫り師と刷り師がみんなオリジナルであるという可能性は極めて少ない。どれかの要素が弱ければ、完璧な版画とはならない。ということは、真に傑作の名に値する版画というのはむしろ例外に属するということなのである。

　では、この例外的な傑作版画というのは偶然の誕生に任されるだけなのかというと、じつはそうではない。イラストレーターと刷り師と彫り師を選んで、彼らにコラボレーションの妙味を味わわせる「版画のプロデューサー」のような存在があったときにのみ、この偶然は必然に化するということなのだ。この意味では、版画の善し悪しは、ひとえにプロデューサーの手にかかっているといえるのである。

　これだけでも、版画はかなり複雑なものだが、それをさらに複雑にする要素がある。版画というのはモノタイプを除いて、原則的に「複数」刷られるということである。だからこそ複製芸術なのだが、問題はこの「複数」というのは、写真製版の登場以前には無限ではなかったことだ。つまり、刷れば刷るほどに原版が擦り減ってしまうので、新たな版を起こさない限り、最大でも1000部が限度であるということだ。

　そして、この有限の刷り部数が版画というものを複雑にするのである。すなわち、版画は、イラストレーションのオリジナリティに彫りと刷りのオリジナリティが加わってより完璧なものになるが、そのオリジナリティ、とりわけ刷りのオリジナリティは刷り部数が少なければ少ないほどに確保されるということである。なぜなら、いかに熟練の刷り師であっても、機械刷りでない限り、1000部について完全に同質の刷りを行うことは不可能で、状態の良い刷りは数百部が限度となるからである。

　こうして考えると、版画は、イラストレーション、彫り、刷りという3つの要素が完璧になったときに複製芸術特有のオリジナリティを持つとはいえ、その中の「刷り」の要素にあらかじめ限定がかかるから、真の意味で「複製芸術的オリジナリティ」を有するものはまことに少ないということになるのである。そして、この刷りの部数を決定するのもまた「版画のプロデューサー」の仕事なのである。

　私がなによりも強く魅了されたのは、この極めて限定的にしか現れない「複製芸術的オリジナリティ」であるが、同時にそれは「版画のプロデューサー」のオリジナリティを探すことであるともいえるのだ。

　ところで、版画は「芸術」のみに利用されているわけではない。その複製性は「芸術」のみならず「商業」にとっても親和的である。すなわち、ある商品を売ろうとするとき、「百聞は一見にしかず」の原理で、その商品を版画によって「見せる」ことができれば、消費者の購買欲求はより強く刺激されることになる。しかし、その商品が薄利多売的なものであれば、コスト計算からいって、版画を宣伝材料に使うことは許されない。なぜなら、版画は製作費にコストがかかるものなので、よほどの利幅があるものでなければ割に合わないからである。

　だが、大革命を経たのち、そうしたコスト計算に耐えて版画を宣伝材料に使おうとする商業ジャンルがようやくにして現れた。それがモードなのである。モードこそは、版画を自分の帝国領内にもっとも早く取り込んだ商業ジャンルであった。

モード・ジャーナリズム前史

　通説に従えば、モード・ジャーナリズムの萌芽、すなわち最新の流行を版画で起こした定期刊行物が生まれたのは、18世紀の半ば、マリー・アントワネットの時代のことである。定期刊行物の名前は『ギャルリ・デ・モード・エ・コスチューム・フランセ　Gallerie des Modes et Costumes Français』、略して『ギャルリ・デ・モード』である。発行者は、サン＝ジャック街に版画店を構えるジャック・エスノーとミシェル・ラピイという2人の若者である。創刊号は、1778年のはじめに、フォリオ判のコスチューム・プレート（エッチングで下地をつけ、ビュランで仕上げした銅版画に手で彩色したもの）6枚をワン・セットにした分冊が配本された。配本のさいには版画の下に簡単な解説が添えられているだけだったが、合本されたときには、モレによる独立した解説文が添付されていた。コスチューム・プレートの原画を描いたのは、デレとルクレールである。原画の質もよかったが、このコスチューム・プレートの特徴は、デュパンをはじめとする彫り師が素晴らしかったことである。原画のあいまいな部分を正確な彫りが救っていた。刊行

は、旬刊で、革命の直前の1787年まで続けられた。

ところで、この『ギャルリ・デ・モード』がファッションを版画で伝える方法の起源かというと、じつはそうではない。ファッション版画の歴史を概観したレイモン・ゴドリオ『フランスにおける女性ファッション版画』によると、モードを描いた版画は1470年前後に溯るという。ただし、それは、流行の高く盛り上がった布帽子の着用をやめるように説く銅版画であったという。

では、モードの模倣を誘う目的でつくられたファッション版画の元祖はというと、1520年にリヨンでヌーリ書店から発行されたアルバムであった。アルバムというのは、共通するテーマの版画を何枚か集めた出版形式のことで、フランス各地、およびヨーロッパ各国の仕立て屋の親方たちにフランス、とりわけパリで流行しているファッションを伝える意図のもとに作成された。こうした、単発のファッション・アルバムに収録された版画は、ファッション・プレートと区別するためにコスチューム・プレートと呼ばれるが、当時からそうした呼び名があったわけではなく、あくまで便宜上の区別である。

以後、同趣向のファッション・アルバムが次々に編纂されたが、そうした版画家の中には、『聖アントワーヌの誘惑』やパリ景観図連作で名高いジャック・カロー（1592-1635）の名前も見える。カローの残した1500点の版画の中には明らかにコスチューム・プレートとして制作された版画が20点ほどある。

こうしたコスチューム・プレートは、フランス以外の国でもつくられた。とくに銅版画大国であったドイツとオランダでは、モード画は銅版画の一ジャンルにまでなっていた。そうした風土で活躍した一人にプラハ出身のヴェンツェル・ホラー（1607-1677）がいた。ヴェンツェル・ホラーはボヘミアやイギリスの宮廷に迎えられ、王族の女性のファッションを巧みに描いてコスチューム・プレートの専門作家第一号となった。ちなみに、私は、たまたまこのヴェンツェル・ホラーが描いたコスチューム・プレートを2枚所有しているので、今回の展覧会にも参考作品として出品している。

いっぽう、モードの輸出地として早くから知られていたパリでは、アンリ・ボナールという版画商がサン＝ジャック通りに開いた店で、4人の息子の制作したコスチューム・プレートを販売してパリを訪れる観光客を喜ばせていた。中でも長男のアンリ・ボナールは人物よりもファッションに力を入れた銅版画でヨーロッパ中の人気を集めた。

マリー・アントワネットの宮廷でモード・ジャーナリズムが誕生する

このような「前史」を経た後、ようやく、前記の『ギャルリ・デ・モード・エ・コスチューム・フランセ』が登場し、モード・ジャーナリズムが原初的なかたちでスタートするのだが、しかし、それには、モード・ジャーナリズムを介して模倣されることで利益を得るクリエイターの存在が不可欠ということになるが、『ギャルリ・デ・モード・エ・コスチューム・フランセ』の場合、マリー・アントワネットという王妃が存在しているのだから、モードのクリエイターは彼女か、あるいは少なくともその取り巻きの貴婦人ということにならざるをえない。しかし、そうするとマリー・アントワネットとその取り巻きは、「模倣されることで利益を得て」いたことになってしまうが、果たしてそんなことがありえたのだろうか。放っておいてもモードは王妃や王女の周辺から生まれるようなシステムが制度的に存在しているときに、あえて模倣されるように仕向ける必要があるのだろうか。

じつは、マリー・アントワネットの場合、この「模倣されることで得られる利益」が二重に存在してい

たのである。

　ひとつは、模倣されることから生まれる「権力」という「利益」である。フランスの最大の敵だったオーストリアのハプスブルク家から政略結婚で嫁いだマリー・アントワネットは、権威というものを欠いた夫ルイ16世のもとで、自己の権力基盤の強化につながるものならどんなものでもこれを利用せずにはいられない立場にあったが、そんな彼女が、宮廷の女性の間に権力を確立するのにモードが最大の武器になるという事実に気づかないはずはなかった。

　なぜなら、モードはモードである以上、何人といえどもこれに抵抗することはできないからである。どんなに気に食わないモードでも、いったんそれがモードとなってしまったら最後、これを模倣するほかはない。モードは、ルイ14世がヴェルサイユ宮殿と同時に宮廷儀礼をつくり、それによって大貴族の反乱に終止符を打ったのと同じように、宮廷全体に強力な支配力を及ぼしていたのである。したがって、自分の気まぐれひとつでモードを左右することができ、しかも、それによって、反対勢力をも屈服させることができるなら、権力としてこれを利用しない手はないということになるのだ。政治的権力基盤の弱い分、マリー・アントワネットがモードの「権力」でこれを補おうとしたのは自然の勢いだった。

　もうひとつは、文字通りの「利益」である。といっても、新しいファッションを創造して、彼女が金を儲けたということではない。彼女の得る利益とは、おそらく、出入りの納入業者に、衣装代を安くしてもらったり、あるいは払いを延期してもらうということにあった。いいかえれば、ほとんど「ただ」で最新モードを着るという「利益」である。もちろん、世の中には「ただ」というものは存在しないから、この「ただ」によって得た「利益」は、どこかで、だれかによって回収されている。つまり、マリー・アントワネットに「ただ」でファッションを提供することでモードを創り出し、それによって「利益」を得ていた者がいたということである。レイモン・ゴドリオは、『ギャルリ・デ・モード・エ・コスチューム・フランセ』のファッション・プレートは、服飾品店の指示に基づいて描かれていたものが多かったというコルニュの意見を引いたあと、次のように書いている。

　「こうした服飾品店の主人の中でもっとも有名なのが、ローズ・ベルタンである。最初、1773年にサン＝トノレ街に店を構え、ついでリシュリュー街26番地に引っ越した彼女は、シャルトル夫人の紹介で宮廷に出入りするようになった。そして、そこで大きな影響力を発揮するに至る。マリー・アントワネットは彼女を『私のモード大臣』と呼んだ」。

　マリー・アントワネットの「モード大臣」ローズ・ベルタンは1747年、ピカルディー地方のアブヴィルに騎兵憲兵隊の射手の娘として生まれた。本名はマリー＝ジャンヌ・ベルタン。パリに出てモード店で働いた後に独立し、パレ・ロワイヤルのすぐそばのサン＝トノレ通りに「オ・グラン・モンゴル」という店を開いた。

　運が開けたのは、パレ・ロワイヤルに居住するオルレアン公の長男シャルトル公（後の平等公フィリップ）の夫人が「オ・グラン・モンゴル」を愛顧したことである。シャルトル公妃は、当時、流行の先駆けとなるモード発信者の一人だったから、「オ・グラン・モンゴル」にはたちまち宮廷女性が殺到した。こうして、シャルトル公妃の寵愛を得たローズ・ベルタンが狙った次なる標的こそは、1774年にルイ15世の薨去で皇太子妃から王妃となって大きな自由裁量権を得たマリー・アントワネットだったのである。ミシェル・サポリ『ローズ・ベルタン　マリー・アントワネットのモード大臣』（白水社　北浦春香訳）には、2人のモード・クリエーターの出会いが次のように描かれている。

　「シャルトル夫人が、ベルタンの将来を念頭に、ベルタンを伴ってアントワネットのもとを訪れたのは、宮廷作法に縛られないこうした機会をとらえてのことだった。正確な日付は残っていないが、アントワネットの『書簡集』から推測すると6月20日から30日のあいだだったようだ。王妃の部屋付き第一侍女だったカンパン夫人の回想録には次のように記されている。
　『マルリーに初めていらした際、シャルトル公爵夫人、のちのオルレアン公爵夫人でいらっしゃいますが、ご居室でモード商のベルタン女史を妃殿下にご紹介なさいました。当時たいへん有名なモード商で、フランスのご婦人方のファッションを刷新した女性でした』。この日から、ローズ・ベルタンは王妃の御用達となった。そして、『マドモワゼル・ベルタン』という名が通るようになる」。
　かくて、マリー・アントワネットのモード大臣ローズ・ベルタンがフランスの、いやヨーロッパのモードに関して独裁的な支配力を発揮する時代が到来する。そして、それは宮廷におけるマリー・アントワネットの実質的な権力の支えとなっていたのだ。次を読んでみよう。
　「このローズ・ベルタンに支えられながら、マリー・アントワネットは、その統治のはじめの何年かは、王国のもっともエレガントな女性として通し、モードを導くことができた。この頃は、ドレスも、ヘアー・スタイルも、帽子も、家具も、なにもかもが《マリー・アントワネット様式》となった。1778年には、王家にお目通しが許された貴婦人の宮廷服のパニエ（ペチコートの腰枠）が最大の大きさになり、4、5メートルの円周に達するものさえあった」。
　ルイ15世の治世の後半には、流行はすべて「ポンパドール様式」と呼ばれていたことを思い起こそう。つまり、絶対王制においては、権力を握った女性がモードを生み出す権利を持つと同時に、モードを牛耳る女性のみが権力を行使する権利を有するという側面も多分にあったということである。
　では、新しいファッションを提供することでマリー・アントワネットの権力を支え、当時のモードを意のままに操ることに成功したローズ・ベルタンは、その具体的な「利益」を、どのようにして引き出していたのだろうか？　レイモン・ゴドリオは続けていう。
　「野心的で目先のきく商人であったローズ・ベルタンは、数人のお針子を引き連れてヨーロッパ中を駆け巡った。彼女のファッションは完璧なエレガンスだという評判が各国の宮廷で生まれ、方々から引っ張りだこになっていたのである。イギリス、ロシア、スペイン、ドイツ、ポルトガル、スウェーデンなどが、こうしてフランス・モードとその産業の軍門に下ったのだ」。
　ローズ・ベルタンにとって、自分の店の商品の紹介にほかならない『ギャルリ・デ・モード・エ・コスチューム・フランセ』のコスチューム・プレートは、モードの海外戦略には必要にして不可欠の武器だった。ローズ・ベルタンこそ、「模倣されることで利益を得る」資本主義的クリエイターの第一号だったのである。アンシャン・レジームという情報量の絶対的に少ない社会で、『ギャルリ・デ・モード・エ・コスチューム・フランセ』が足掛け10年ものあいだ刊行を続けることができたのは、たんに「最新ファッションを真似したい」と思うイミテイターが外国の宮廷に多数いたためだけではなく、「模倣されることで利益を得る」資本主義的なクリエイターがフランスに存在するようになっていたからにほかならない。つまり、創造と模倣の弁証法が、マリー・アントワネットの時代に至って、ようやく機能しはじめたということである。
　このように、『ギャルリ・デ・モード・エ・コスチューム・フランセ』がアンシャン・レジーム下のモード・ジャーナリズムで10年近く第1位を保ち得たのは、宮廷という権威に支えられていたからであるが、

　その権威も、マリー・アントワネットの例の有名な「首飾り事件」にローズ・ベルタンが連座したため、急速に衰えることになる。そして、ついに、大革命がやってくる。
　モード・ジャーナリズムにとって一番つらかったのはジャコバン主義の清貧の思想が猛威を奮った1793年から94年にかけての恐怖政治の時期だった。だが、その恐怖政治もテルミドールの反動で終わりを告げ、総裁政府のもとで行われた風俗の解放は、新しいモード・ジャーナリズムを生み出した。その代表が1797年に創刊された『ジュルナル・デ・ダム・エ・デ・モード』である。

『ジュルナル・デ・ダム・エ・デ・モード』とラ・メザンジェール王国

　1797年に創刊されたとき、『ジュルナル・デ・ダム・エ・デ・モード』は「ジュルナル・デ・ダム」とだけ名乗っていた。創刊者はシャルトルのコレージュ (高等中学) の修辞学教師から書籍商に転じたジャン＝バチスト・セレックとクレマン夫人で、これにピエール・ド・ラ・メザンジェールという変わった経歴の男が協力者として加わっていた。
　ラ・メザンジェールは、キリスト教修道会の会員で、ブルターニュのラ・フレッシュのコレージュで文学と哲学の教授をつとめていたが、大革命でコレージュが閉鎖されたため、しかたなくパリに職を探しにやってきた。教師時代に知り合ったセレックがパリで新聞を創刊するという話を聞きつけて、編集部員にでも雇ってもらおうと考えたのである。ラ・メザンジェールは、『パリの旅行者』という風俗観察を書いた経験があったので、ジャーナリストとしてやっていく自信はあった。しかし、編集部員として加わった新聞がモード新聞だったとは思いもかけなかったにちがいない。だが、ほかに選択肢がない以上、対象がどんなものであれ、これに真剣に取り組むほかはない。かくして、ここに、修道会出身の元コレージュ教師という異色モード・ジャーナリストが誕生することになる。
　セレックは販売のほうを担当したので、編集は必然的にラ・メザンジェール一人に任されるようになった。ラ・メザンジェールは、とりたてて閃きや才覚のあるジャーナリストではなかったが、修道会出身ということもあって、生真面目さだけはだれにも負けなかった。そして、この生来の一徹さで、臆することなく社交界に入り込み、貴婦人やダンディたちのファッションをいちいち絵と文でデッサン・ノートに書き留めた。必要とあらば、チュイルリー公園やブローニュの森、さらには避暑地・避寒地にも足を向け、流行の仕立て屋のアトリエにまで入り込んだ。この元修道会員が現れないところには、モードは存在しないとさえ断言できた。こうした真面目人間の一徹さという点では、『ナナ』の取材のために高級娼婦の寝室にまで入り込んでメモをとったゾラを思わせるものがある。
　やがて、ラ・メザンジェールは1799年に編集長となり、1801年にセレックが他界すると「ジュルナル・デ・ダム」の株を買い取り、さらに『ジュルナル・デ・モード・エ・デ・ヌヴォテ』という別のモード新聞を買収して、名実ともに『ジュルナル・デ・ダム・エ・デ・モード』の社主兼編集長に納まった。以後、30年近く続くことになるラ・メザンジェール王国の始まりである。
　『ジュルナル・デ・ダム・エ・デ・モード』が、アンシャン・レジーム以後最大の成功をおさめた理由はいくつか考えられるが、そのひとつは、新たなイミテイター、つまり新しい読者層を開拓したことである。
　大革命の結果のひとつとしてあげられるのは、パリと地方の差が縮まると同時に拡大したことである。縮まったというのは、たとえば、革命政府が積極的に推し進めた郵便馬車の制度である。これは、地

方の県知事に中央政府の命令を迅速に伝える必要があったからにほかならない。しかし、その一方で、パリと地方の距離は拡大した。外国のスパイ侵入防止のために実施したパスポート制度のため、パリと地方の間で人の交流が妨げられたことである。職業選択の自由や住居の自由が革命で保証されたにもかかわらず、パリへの人口集中が起こらなかった原因のひとつには、このパスポート制度の実施がある。おかげで、地方にいると、パリの情報だけは郵便馬車で入ってくるが、人間はめったなことでは移動できないという事態になった。また、アンシャン・レジーム下では、地方長官は、俸給だけもらって自分はパリにとどまり、他人を代理として地方に派遣することができたが、新たに設けられた県知事ではこうはいかなかった。

　ラ・メザンジェールは、この地域格差に目をつけた。アンシャン・レジーム期に『ギャルリ・デ・モード・エ・コスチューム・フランセ』が最大の顧客としたのは外国の宮廷の王妃や王女だったが、外国との国交が途絶えて鎖国状態になった今、ラ・メザンジェールがターゲットとしたのは、地方に張り付けになったまま動けない貴族や高級役人などの妻や娘だった。彼女たちは、地方の「小宮廷」の「王妃や王女」として、モードの権力を握っていたが、その分、パリに対する憧れは強烈なものがあった。バルザックの『幻滅』『老嬢』『田舎のミューズ』などには、こうした地方の「小宮廷」の「王妃や王女」たちのパリに対する渇望が詳しく描かれている。いまや、モード・ジャーナリズムに対するイミテイターからの要請は、地方からパリに向かって強力に発せられていたのである。

　したがって、ラ・メザンジェールとしては、ただ、「パリ・モード」を強調しさえすればそれでよかった。というよりも、宮廷が消滅し、次の権力が確立されていない状態にあっては、モードの発信源は「パリ」という場所以外に求めようがなかったのである。

　だが、いくらイミテイターからの強い要請があろうとも、クリエイターからの要請がなければモード・ジャーナリズムは存在しないというのが、われわれが立てた原則である。すなわち、「パリ」そのものがクリエイターであるといっても、その「パリ」が具体的にどんな人間によってあらわされているのかをいわなければ答えにはならない。

　では、『ジュルナル・デ・ダム・エ・デ・モード』が創刊された総裁政府の時代にクリエイターの役をつとめていた人間とはだれなのか？

　その一部は、いうまでもなく、大革命で、王族や貴族などの顧客を失い、一般客を相手に営業を始めていたクチュリエ（仕立て師）や装飾品店などのモードの商人たちである。彼らは、革命の混乱に乗じて巨万の富を築き上げた闇商人や革命軍の将軍などの新興成金の妻や娘を相手に商売を始めたが、これらの顧客には、かつての王族・貴族のような、モードを導くセンスはなかったから、モードは生産者自らが創り出さなければならなかった。実際、この時期以降、モードを生み出そうという自発的な意志をもち、同時に商売にも長けたクチュリエが次第に増えてくる。

　ただ、『ジュルナル・デ・ダム・エ・デ・モード』のクリエイターがすべてモードの生産者によって占められていたかといえば、かならずしもそうとはいいきれない。というのも、ラ・メザンジェールの特徴は、先に述べたように、パリ・モードが消費されている現場に赴いて観察することにあったからである。ラ・メザンジェールは、賭博場フラスカッティ、オペラ座、シャン＝ゼリゼ、ティヴォリ庭園などのファッショナブルなスポットばかりか、民衆のいる市場や街路にも自ら足を運んで、着飾った男女の風俗を細部にわたってデッサンした。こうすることで、生きたモードを地方の読者に伝えることができると信じ

ていたからである。

　しかし、ラ・メザンジェールの優れたところは、そうした観察以外にも、自らの商品、すなわち『ジュルナル・デ・ダム・エ・デ・モード』に、それまでのモード新聞にはなかったような付加価値を与えようと努力したことである。それは、自分で観察してきたファッションをオラース・ヴェルネやランテなどの超一流のモード画家に複製させたことに現れている。現実にはたいしたことはないファッションがこれらのモード画家の手にかかると素晴らしいデザインに変身するということもあったのだろう。この意味では、モードの歴史の上で、この時期だけは、クリエイターからの要請なくしても、モード・ジャーナリズムが成り立った例外的な期間だったということができるかもしれない。

　しかし、このクリエイター不在の時期は短かった。というのも、じきに、「模倣されることで利益を得る」クリエイターが出現したからである。

　「帝政期になると、ふたたびモードのアイディアは宮廷から生まれることになる。ジョゼフィーヌのお洒落がモードのスタイルを決め、お洒落な女《メルヴェイユーズ》たちの規範となったからである。そして、彼女とともに、一人のクチュリエが、マリー・アントワネットにおけるローズ・ベルタンのような役割を演ずることになる」（ゴドリオ　前掲書）。

　その仕立て師の名前はルロワといった。ルロワは証券取引所の近くに店を構え、強力なスタッフを擁していた。すなわち、オペラ座の衣装デザイナーであるオーギュスト・ガルヌレー、それに、ほかならぬラ・メザンジェールである。ラ・メザンジェールは、ガルヌレーがデザインし、ルロワが仕立てたファッションをオラース・ヴェルネに描かせ、これをガッティーヌに彫らせて、『ジュルナル・デ・ダム・エ・デ・モード』に次々に発表したのである。

複製芸術としての版画のオリジナリティとオラース・ヴェルネの同定問題

　さて、ここでわれわれは、冒頭に記した複製芸術としての版画のオリジナリティという問題に立ち返らざるをえない。というのも、オラース・ヴェルネのイラストレーションをガッティーヌが彫って刷った『ジュルナル・デ・ダム・エ・デ・モード』のファッション・プレートこそは、われわれに「複製芸術としての版画のオリジナリティ」というパラドックスを強く意識させる最初のサンプルであるからだ。つまり、オラース・ヴェルネのイラストレーションとガッティーヌの彫りと刷りは、それまでに何人も達成しなかったような例外的なコラボレーションの域に到達することによって、ついに原画よりもオリジナルな版画というものを創造することに成功したのである。

　そして、それは、ラ・メザンジェールがこの時期に、オラース・ヴェルネとガッティーヌのコンビと組んで編纂したファッション・プレート史上の最高傑作、すなわち「信じがたい格好の伊達男たち」という意味の《アンクロワイヤーブル》と、「目が覚めるほどお洒落な女たち」という意味の《メルヴェイユーズ》のスタイルを一堂に集めたファッション・アルバム『アンクロワイヤーブル・エ・メルヴェイユーズ』の登場によってより確かな事実となるのである。

　だが、それではいったい、この奇跡をもたらしたオラース・ヴェルネとはいかなる人物なのだろうか？

　オラース・ヴェルネ（エミール・ジャン=オラース・ヴェルネ　1789-1863）を公式の美術事典の類いで引くと、

おおよそ次のようなことが記されているはずである。すなわち、祖父であるジョゼフ・ヴェルネも、父であるカルル・ヴェルネも有名な画家で、幼い頃から父に戦場画の手ほどきを受けて育ったことから若くして頭角を現したが、王政復古では、ボナパルティストだった過去がたたって、一時不遇となった。しかし、七月王政下ではナポレオン贔屓のオルレアン公（後のルイ＝フィリップ王）の保護を受けて、ナポレオンの数々の戦場を描く戦場画の大家としての地位を確立した。画風は現実主義的な要素を取り入れた古典主義で、第二帝政下でも公式画家の一人となり、フランス軍に帯同して矢継ぎ早に戦場画を制作したためボードレールからは「オラース・ヴェルネは絵を描く軍人である」と揶揄されたこともある。栄光の絶頂で死去したが、死後、その評価は下がり、近年、ようやくアカデミー絵画再評価の機運に乗ってふたたび注目を集めるようになっている。

　さて困った。どの事典を見ても、『アンクロワイヤーブル・エ・メルヴェイユーズ』に何の言及もないどころか、ファッション・プレートを描いていたという記述さえないのだ。では、『アンクロワイヤーブル・エ・メルヴェイユーズ』にサインが記されているオラース・ヴェルネとは、戦場画の巨匠のあのオラース・ヴェルネのことではないのか？

　たしかに、いろいろと疑問が出てくる。まず『アンクロワイヤーブル・エ・メルヴェイユーズ』でヴェルネは1810年から1817年までのファッション画を担当しているが、1810年のファッション・プレートをオラース・ヴェルネが担当しているとすれば、年齢はなんと弱冠21歳！　天才少年であったことは確かだが、あまりに若過ぎるのではないか？　本当に『アンクロワイヤーブル・エ・メルヴェイユーズ』のオラース・ヴェルネは、戦場画の巨匠のオラース・ヴェルネのことなのか？　そう思って調べてみると、成人してからのヴェルネの戦場画と肖像画と『アンクロワイヤーブル・エ・メルヴェイユーズ』を結ぶものがなかなか見いだせないのである。いくらなんでも画風が違いすぎる！

　そこで、もしかして、『アンクロワイヤーブル・エ・メルヴェイユーズ』のオラース・ヴェルネは父親のカルル・ヴェルネのことではないかと思って、カルル・ヴェルネの項目を引いてみると、そこには次のようなことが記されている。

　「カルル・ヴェルネ（1758-1836）本名アントワーヌ＝シャルル＝オラース・ヴェルネ。通称カルル・ヴェルネ。ジョゼフ・ヴェルネの息子。1782年にローマ賞を受賞し、1789年大作《ポール・エミールの勝利》で王立アカデミーに入会を認められたが、生来の気質から、馬や競馬や散策風景を描く方を好んだ。総裁政府の時代には才気あふれるカリカチュアを描いた（『アンクロワイヤーブル・エ・メルヴェイユーズ』）。執政政府時代には、第一執政のナポレオンに従ってイタリアに赴き、さまざまな要素を取り入れて戦場画の大作をものした」（『グラン・ラルース百科辞典』）。

　なんたることか！　それでは、『アンクロワイヤーブル・エ・メルヴェイユーズ』にサインしているオラース・ヴェルネとは息子のオラース・ヴェルネではなく、父親のカルル・ヴェルネのことであったのか！　たしかに、父親の本名には「オラース」という洗礼名が入っているから、彼がオラース・ヴェルネと名乗ったとしても不思議はない。

　と、ここまで考えてきて、また一つ疑問が生じた。父親のカルル・ヴェルネが伊達男（アンクロワイヤーブル）や伊達女（メルヴェイユーズ）の風俗やファッションを盛んに描いたのは1794年から1799年に至る総裁政府の時代である。だが、ラ・メザンジェールが発行した『アンクロワイヤーブル・エ・メルヴェイユーズ』は1810年から1818年にかけて、つまり帝政時代と王政復古に跨がって配本されたアルバムであ

る。ということは、10年から20年ほどのタイム・ラグがあるということになる。もちろん、父親のカルル・ヴェルネはこのときはまだ存命だから、かつて自分の描いた総裁政府時代《アンクロワイヤーブル》と《メルヴェイユーズ》の風俗を現代風にアレンジしてもう一度、世に問うということもありえないことではない。だが、どうも、この仮定も違うような気がするのである。なぜだろう？

オラース・ヴェルネはやはり息子の方であり、それにはしかるべき理由があった

この謎を解くには、フランスでは、歴史画を頂点として底辺に風俗画が来るというように美術のジャンルのヒエラルキーが決まっていたという事実を頭に入れておかなくてはならない。

父親のカルル・ヴェルネは、総裁政府の時代には《アンクロワイヤーブル》《メルヴェイユーズ》あるいはパリの呼び売りたちの風俗画を描くのを得意としていたとしても、執政政府の時代にナポレオンに気に入られて従軍画家としての名声が上がってしまってからは、たとえ本人にその気があっても風俗画家には戻れなくなっていたのである。いわんや、ファッション・プレートなどの「商業絵画」を手掛けるという選択肢は少なくなってくる。たしかに、『ジュルナル・デ・ダム・エ・デ・モード』の初期、つまり総裁政府末期の1797年から99年にかけては、カルル・ヴェルネの手になると思われるファッション・プレートはいくつか存在するが、帝政期になってカルル・ヴェルネが復帰する可能性は限りなくゼロに近かった。

だから、ラ・メザンジェールが『ジュルナル・デ・ダム・エ・デ・モード』のファッション・プレートに新しい才能を入れて刷新を図ろうとしても、すでに戦争画の巨匠となったカルル・ヴェルネを雇い入れることはできなかった。

しかし、ラ・メザンジェールには、どうしても諦めきれないものがあったにちがいない。カルル・ヴェルネの描いた《アンクロワイヤーブル》と《メルヴェイユーズ》の素晴らしさが脳裏を離れなかったからである。

そこで、ラ・メザンジェールは父親がだめなら息子というように方向を転換したのではないか？　というのも、息子のオラース・ヴェルネは20歳になるかならぬかの駆けだしの画家である。小遣い稼ぎとしてファッション・プレートの仕事も引き受けてくれるかもしれない。もちろん、これは私の想像であるが、しかし、状況証拠からして、充分に可能性のある仮定である。

おそらく、ラ・メザンジェールは父親の承諾も取り付けたにちがいない。カルル・ヴェルネは、自分でも若いときには風俗画を得意としていたので、息子が将来、戦場画や歴史画に進む場合には、風俗画も基礎勉強になると思って『ジュルナル・デ・ダム・エ・デ・モード』のファッション・プレートを描く許可を与えたものと思われる。

かくて、マンネリに陥っていたファッション・プレートを刷新する若い才能を雇い入れたいというラ・メザンジェールの願いは実現し、とびきりの才能が華々しく登場することとなったのである。

実際、オラース・ヴェルネがイラストを描くようになってからというもの、『ジュルナル・デ・ダム・エ・デ・モード』のファッション・プレートのレベルは格段にアップした。イラストが良ければ、彫り師も刷り師も張り切るのである。

だが、同じ彫り師や刷り師を使っていたのでは自ずと限界がある。それに、『ジュルナル・デ・ダム・

エ・デ・モード』というメディアの小さなファッション・プレートではオラース・ヴェルネのせっかくの才能を生かすことはできない。

　そこで、ラ・メザンジェールは大きな賭けに打って出ることにした。四折り大判というかつてないような大形サイズのファッション・プレートを年に数回配本して、最終的にファッション・アルバムとしてまとめようという試みである。もちろん、イラストはオラース・ヴェルネ。彫りと刷りにはラ・メザンジェールが新しく見いだしてきたジョルジュ＝ジャック・ガッティーヌ（1773-1824）という天才職人を起用する。そして、タイトルは父親のカルル・ヴェルネの名前とともに流布していた『アンクロワイヤーブル・エ・メルヴェイユーズ』で行く。むちろん、タイトルは懐古的だが、内容は過去に敬意を払いつつ、現代の風俗を描くことを主眼にする。中には何枚か懐古的な風俗を入れてもいい。むしろ、古臭いものが一番新しいというモードの原則に当てはまるかもしれない。

　かくて、モードの歴史に燦然と輝くオラース・ヴェルネ画、ガッティーヌ彫りと刷りという黄金コンビによるファッション・アルバム『アンクロワイヤーブル・エ・メルヴェイユーズ』が1810年から1817年にかけて合計31枚刊行され、最後にヴェルネからランテにバトンタッチされた2枚がまとめられて1巻としたものが刊行されたのである。

　このアルバムの刊行に際して、ラ・メザンジェールがジェネラル・プロデューサーとして隅々まで神経を行き届かせたのはいうまでもない。そして、その結果、例の版画という複製芸術のオリジナリティという奇跡が現出したのである。しかも、その奇跡は、長い間蔑まれてきたファッション・アルバムという最下位ジャンルから現れたのである。この逆転のもつ意味は大きかった。すなわち、ファッション・イラストレーションという匿名性を運命づけられたアウト・カーストのジャンルに、オラース・ヴェルネという栄光あるヴェルネ一族の名前が冠せられたのである。ファッション・イラストレーションというゲットーは、この『アンクロワイヤーブル・エ・メルヴェイユーズ』の成功により、初めて一般に認知されるに至ったのだ。

　だが、その事実は、オラース・ヴェルネその人にとっては決してプラス材料とはならなかったにちがいない。戦場画の巨匠を父に持つ息子にとって、アルバイト仕事として手掛けたアルバムが大評判をとってしまったのは大きな誤算だったはずである。むしろ、これを境にファッション・イラストレーションからは足を洗いたいというのがオラース・ヴェルネの偽らざる心境であったのだろう。

　事実、『アンクロワイヤーブル・エ・メルヴェイユーズ』の刊行を機に、『ジュルナル・デ・ダム・エ・デ・モード』からはオラース・ヴェルネの名が消える。以後、オラース・ヴェルネは、自分が若き日にファッション・イラストレーションに関係したことを決して口に出さなかっただろう。また、その経歴を過去の傷のように持ち出す批評家もいなかった。なぜ

《ヴェルネ肖像》 1862年

なら、美術史とファッション史はまったく別の領域なので、オラース・ヴェルネの名がファッション史の一ページを飾っていることを知る美術批評家も少なかったのである。というわけで、オラース・ヴェルネの名は、1815年のナポレオンの没落とほぼ軌を一にしてファッション史からは消え、一般美術史の中に入ってゆく。

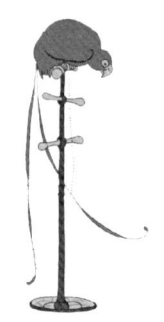

ランテ登場

では、オラース・ヴェルネなきあとの『ジュルナル・デ・ダム・エ・デ・モード』はどうなったかというと、こちらもまた新しい時代を迎えていた。というのも、ナポレオンがセント・ヘレナに流刑になると同時にパリにはルイ18世と大貴族たちが亡命から戻り、王政復古の時代が始まっていたからである。

この潮目の変化を巧みに読み取ったのがラ・メザンジェールである。

ラ・メザンジェールは、王政復古になったのを機に、読者のターゲットを王党派に切り替えると同時に、ファッション・プレートの内容も完全に刷新することにした。すなわち、新たな流行となった保守的でいささか野暮ったいファッションに合うようにイラストレーターも替えたのであるが、その王党派向けに採用されたイラストレーターというのが、ルイ=マリ・ランテ(1789-？)であった。

ランテはヴォードワイエに学んだ風景画家で、ファッション・プレートの背景に風景がこまかく描きこまれているのを特徴とする。オラース・ヴェルネのようなデッサンの正確さや瞬間をとらえる突出した才能はなかったが、女性の可愛らしさを二次元的に表現する独特の才能を有していた。ひとことでいえば、人物に関してマンガ的な表現方法を身につけており、それがファッション・プレートという場にぴったりと合ったのである。

かくて1817年頃から1830年にかけての王政復古期はランテの黄金時代となる。ランテは『ジュルナル・デ・ダム・エ・デ・モード』で毎号のようにファッション・プレートを担当したばかりか、ラ・メザンジェールのプロデュースにより、いくつかのファッション・アルバムを制作するようになる。

その最高傑作が『コー地方、および古ノルマンディー地方のいくつかの郡の女性の衣装』(1827年)である。プロデュースはもちろんラ・メザンジェールで、彫りと刷りは当然ガッティーヌが担当。ランテが得意とする田園風景の中に立つ風土色豊かな衣装を身にまとった女性たちの後ろ姿や横向きの姿が美しい。

このパリ版が『パリの女性の服装』(1824年頃)および『上流階級と中流階級』(1828年頃)で、こちらは階級別あるいは職業別に、さまざまな階層や職業の女性がエレガントに描かれている。

このように、地方や階層や職業にフォーカスして、その衣装の多様性に注目するのが、王政復古期のモードの特徴で、それは古典主義の普遍性に対して個別性を顕揚したロマン主義の影響によるものと考えられる。

同じように、ランテ、ガッティーヌ、ラ・メザンジェールのトリオによる『才能、地位、美貌により有名となった女性たちのフランス・ギャラリー』(1827年)は、多様性を求めて時間を溯り、さまざまな時代の女性の衣装を一覧にした歴史ギャラリーで、中世やルネッサンスの時代の衣装を今日のモードに役立てようという姿勢が伺われる。

このように、ラ・メザンジェールの『ジュルナル・デ・ダム・エ・デ・モード』はランテという新しいスターを得て、王政復古期を通じてモード誌ナンバー・ワンの座を守りつづけたが、こうしたラ・メザンジェール王国を支えていたのは、先にも述べた「パリ・モード」への憧れを持つ地方の読者たちの絶大な信頼であった。

王政復古期に『ジュルナル・デ・ダム・エ・デ・モード』の牙城を崩そうと挑戦を試みたモード新聞が

最終的には『ジュルナル・デ・ダム・エ・デ・モード』に吸収合併される運命をたどったのは、この地方の保守的な読者を奪うことができなかったためである。いずれのモード新聞も、模倣に終始して、独創的なアイディアを示すことができなかったので、同じなら、ファッション・プレートのクオリティの高いものをということになったということもある。

　そんな中で唯一、長期間にわたってライバル争いを続けたのは1821年にドナティーヌ・ティエリが創刊した『プティ・クーリエ・デ・ダム・ウ・ヌヴォー・ジュルナル・デ・モード』である。このモード新聞は、同じファッションに身を包んだ2人のモデルを画面に登場させ、これを正面と背後から描くという新機軸を打ち出して人気を集めた。こうしておくと、地方のイミテイターたちがファッション・プレートを元にして裁断を行おうとするとき、360度の角度からスタイルを検討できるからである。この新機軸は以後『ジュルナル・デ・ダム・エ・デ・モード』を含めたあらゆるファッション・プレートの新しい文法となった。

新聞王エミール・ド・ジラルダンの挑戦

　ラ・メザンジェール王国への反抗の狼煙は意外なところからあがった。1829年、復古王政も末期にさしかかった頃、前年に剽窃新聞『ヴォルール』を世に出して成功を収めたエミール・ド・ジラルダンという野心的な青年が、『ラ・モード』という簡潔なタイトルのモード新聞を創刊して、『ジュルナル・デ・ダム・エ・デ・モード』への挑戦状を叩きつけたのである。

　このジラルダンの経歴については、拙著『新聞王伝説』で詳しく触れたので、繰り返しは避けたいが、必要最低限のところだけを記しておく。

　エミール・ド・ジラルダンは1806年にパリに生まれた。父も母もわからない捨て子であった。じつは、アレクサンドル・ド・ジラルダン伯爵とアデライード＝マリ・デュピュイという人妻の間にできた不義の子供だったのである。ジラルダンは父親の部下の故郷で育てられたが、成年に達すると、一旗あげようとパリにやってきた。

　ジラルダンが最初に試みたのは、大新聞の三面記事や実用記事だけをコピー・アンド・ペーストした『ヴォルール』というダイジェスト新聞だった。この試みが思いのほか大成功を収めたので、ジラルダンはロトゥール・メズレーという共同経営者の意見にしたがってモード新聞の発刊に乗り出したのである。

　ボタン・ホールに常に椿の花をさしていたところから「椿男」と呼ばれた伊達者ロトゥール・メズレーに言わせると、ラ・メザンジェールの『ジュルナル・デ・ダム・エ・デ・モード』は、本当のお洒落好きにとってはいかにも物足りない新聞だという。なぜなら、この新聞には、ファッション通信はあるが、モード批評はない。今なにが流行しているかについてのレポートがあるだけで、その流行を個性的に着こなすための指針はあたえられていない。ファッション・プレートも、提携したクチュリエの広告にすぎない。読み物記事も内容の薄いハウツーものばかりだ。したがって、『ジュルナル・デ・ダム・エ・デ・モード』に飽き足らない思いを抱いている潜在的読者はけっして少なくないはずだ。

　だから、自分たちが、全く新しいコンセプトのモード新聞を発行したら、それが埋めるべきニッチは必ずや存在しているにちがいない。ロトゥール・メズレーのこうした考えは、『ラ・モード』に載った次の

ようなモード時評に要約されていた。

「我々はまず、いわゆるモードとセンスの良さを区別したい。すなわち、テーラーとモード・ブティックが主要な編集人をつとめるあのモードなるものは今日では文学的な投機事業に堕してしまっているが、これとセンスの良さは違うのである。このセンスの良さのほうには、いまのところ機関紙は存在していない。(中略)社交界の人間の大部分は、いかにも流行の型をモデルとはするが、何らかのオリジナリティによって常にそこから逸脱しようとする。このオリジナリティを自ら創り出すことのできないときには、何としてでもこれをまねなければならない。ところで、パリではこうした模倣は容易である。(中略)だが、地方ではこうしたモデルを観察する機会はまれである。そのため、パリのモード新聞を飾るあの滑稽な小さな着せ替え人形がある種の専制政治をほしいままにして、なんとも摩訶不思議な結果が生み出される。実際のところ、L氏の教えるままに奇妙奇天烈な格好をして、上流のサロンに姿を表す勇気のある女性がどこにいるだろうか」。

このマニフェストから理解できるのは次の2点である。ひとつは、自分たちの『ラ・モード』は、センスの良さを指導するという全く新しいコンセプトのモード新聞だということ、もうひとつは、このコンセプトによって、『ジュルナル・デ・ダム・エ・デ・モード』から地方の読者を奪おうと考えているということである。

ところが、ジラルダンとロトゥール・メズレーのこうした目論見は、ある部分では見事に外れ、別のある部分では、どんぴしゃりと時代の鉱脈を掘り当てた。

外れたというのは、狙いとは異なって、『ラ・モード』は、『ジュルナル・デ・ダム・エ・デ・モード』の読者、とりわけ地方の読者を奪えなかったということである。『ジュルナル・デ・ダム・エ・デ・モード』の読者は、ランテの描く上品なモード画に忠実だったのだ。

時代の鉱脈を掘り当てたというのは、『ラ・モード』が、それまでモード新聞の読者としては想定されていなかった層、すなわち、パリで流行を創り出し、同時にそれを消費しているダンディやエレガントな女性たち自身を読者に取り込んだということである。これは、「創造」と「模倣」というモードの対立項が、モード新聞という一つの場を介して、ほとんど時間的距離を置かずに、同時併存したということを意味する。だれがクリエイターでだれがイミテイターなのか、役割分担はあいまいになった。昨日のイミテイターが今日のクリエイターになっていることすらありえた。これは従来のモード新聞では絶対に起こりえなかった奇跡である。この意味でも『ラ・モード』は歴史に残る新聞だったのである。

それには、ジラルダンの打ち出した独特の編集方針があずかって力あった。すなわち、無名だが、時代のトレンドを見抜く力をもったバルザックやウージェーヌ・シュー、ジョルジュ・サンドなどの若手作家を起用し、モードの観察と批評にかこつけて、モードの枠には収まり切らないような文明批評を書かせたのである。これが、人よりも一歩先を歩きたいという気持ちが強いパリのスノッブたちに大いに受けた。

ガヴァルニと「萌え」

しかし、こうした新機軸にもかかわらず、創刊当初は、『ラ・モード』は、ある一線でどうしても『ジュルナル・デ・ダム・エ・デ・モード』を越えることができなかった。それは、モード新聞の命ともいえる

ファッション・プレートにおいて、『ラ・モード』は明らかに見劣りしたのである。『ラ・モード』の稚拙なモード画では、『ジュルナル・デ・ダム・エ・デ・モード』のランテにはどうしても勝てなかったのだ。

そこで、ジラルダンは、思い切って、『ジュルナル・デ・ダム・エ・デ・モード』に数回イラストを描いた実績しかないガヴァルニという無名画家を起用することにした。それと同時に、モード画の複製技法を、石版画から、くっきりとした線の出せる鋼版画に変えた。ガヴァルニの描く繊細で優美なモード画にはこのほうが似合うと踏んだからだ。

では、ガヴァルニとはいかなるイラストレーターであったのか？

ポール・ガヴァルニ、本名シュルピス=ギヨーム・シュヴァリエ（1804-1866）はパリ生まれの生粋のパリジャンで、若き日には、ミュッセが『ミミ・パンソン』や『フレデリックとベルヌレット』で描いたような典型的なボエームの生活を送った。すなわち、気軽な屋根裏部屋暮らしで、日曜ごとにダンス場のグランド・ショミエールに出掛け、そこでグリゼットと呼ばれるお針子をナンパしては同棲を繰り返すという青春である。お洒落で、美男子のガヴァルニはよくモテたから、グリゼットたちの生態を間近で観察する機会はいくらでもあった。

ガヴァルニというペン・ネームは、スケッチ旅行にピレネーまで出掛けたとき、タルブのガヴァルニという渓谷に滞在したことに因む。はじめの頃はただガヴァルニとのみ署名していたが、後に、挿絵画家として当代一の人気者になると、洗礼名も作り出してポール・ガヴァルニと名乗るようになる。

《ガヴァルニ自画像》 1842年

しかし、さし当たり、1830年の時点では、ガヴァルニと署名したデッサンもほんの数点を数えるのみである。だから、ジラルダンが『ラ・モード』のファッション・プレートをこの無名の新人に任せようとしたのは一種の賭けであった。そして、ジラルダンのこの賭けは見事に成功し、想像以上の勝利を『ラ・モード』に呼び込んだのである。

『ラ・モード』にガヴァルニのファッション・プレートが掲載されると、ランテのモード画は一気に時代遅れのものになってしまった。とりわけ、モデルの顔が、これまで見たこともないような若さに輝き、かわいらしさに溢れていたのが人気を呼んだ。老いも若きも、お洒落人間を自認する人たちは、すべて、ガヴァルニの描くファッション・プレートに魅せられた。

ランテの描く女性が、社交界の成熟した「ジュヌ・ファム（若い女）」を描いているのに対し、ガヴァルニの女性は、まだ完全に成熟しきっていない「ジュヌ・フィーユ（若い娘）」であった。時代が豊かになった分だけ、青春や思春期というものにプラス価値が与えられ、「ジュヌ・フィーユ」が崇拝される世の中になったのである。

『ラ・モード』の購読者の女性は、モデルとなにからなにまでそっくりに装いたいと願い、男性は、この絵のモデルのような女と知り合いたいと思うようになった。というよりも、ガヴァルニの描く美女に恋したのである。ひとことでいえば、ガヴァルニのファッション・プレートは時代の「アイドル」になったのである。これは考えれば不思議な現象というほかない。この世に実際に存在しているとは限らないヴァーチャルな女性が、あたかも現実の女性のように読者の心を強く捉えたのである。これぞ、今日の

　日本でいうところの「萌え」の現象第一号である。ガヴァルニの描くファッション・プレートは「萌え」という二次元空間でのピグマリオニズムを作り出したのである。

　こうして、ガヴァルニが登場して以来、『ラ・モード』は売れに売れた。しかし、新聞の人気が最高潮に達したそのときこそ売り時だという信念をもっていたジラルダンは、1831年になると『ラ・モード』をあっさり正統王朝派に売り渡してしまう。ジャーナリズムで次のステップを築くためである。

　おかげで、『ラ・モード』は、ガヴァルニ人気でなおしばらく発行を続けたものの、1832年頃にガヴァルニが去るに及んで、モード新聞としては完全な二流紙に堕すことになる。過激な正統王朝派の機関紙として、風刺の毒を強化する方向に進んだ分だけ、ファッション・プレートはおろそかにされ、ランテが『ジュルナル・デ・ダム・エ・デ・モード』から移籍して登場しても流れを変えるには至らなかったのだ。

　『ラ・モード』の黄金時代は、ガヴァルニが登場する1830年の半ばから、ジラルダンが株を売却する1831年の半ばまでの1年間だけに終わったのである。だが、たったこの1年間で、『ラ・モード』は、モード・ジャーナリズムの歴史の上でひとつの神話となって残った。『ラ・モード』の前に『ラ・モード』なく、『ラ・モード』の後に『ラ・モード』なし、である。

　そして、この短いガヴァルニ時代に、『ラ・モード』のファッション・プレートは「版画という複製メディアのオリジナリティ」という例のパラドックスをなんなく達成し、版画のヒエラルキーの最下位であるファッション・プレートというサブカル・メディアの中にありながら、そうした枠を一気に飛び越えて、人々の心を捉えることに成功したのだった。

　だが、まことに皮肉なことだが、このファッション・イラストレーターとしてのガヴァルニの圧倒的人気は、後のガヴァルニにとっては大きなマイナスとなる。なぜなら、複製芸術であるという意味において美術の位階の最下位に位置する版画の中で、商業芸術であるファッション・プレートはそのまた最下位の位置にあるがために、そこでスーパースターとなったということは、本格的な芸術家を目指すガヴァルニにとっては、いささかもプラスの価値をもたらさなかったからである。

　たしかに、ガヴァルニのファッション・プレートは最高だ。だが、しょせん、それはファッション・プレートでしかない、というわけである。いいかえると、ファッション・プレートで人気を得た分、ガヴァルニは正統的な画家として評価を受けるのに時間がかかったのである。

　ガヴァルニの評価が上がってくるのは、1835年頃から、シャルル・フィリポンの絵入り日刊新聞『シャリヴァリ』にイラストを提供するようになってからである。しかし、その頃はまだ暗中模索の時代で、ドーミエのエピゴーネンの一人にすぎない。

　ガヴァルニの真骨頂が発揮されるのは、フィリポンが度重なる弾圧にめげて、紙面を政治風刺から社会風刺に転じてから後のことである。ガヴァルニは、二股も三股もかけるグリゼットたちの悪だくみや、遊び人学生の自堕落な生活をリアリズム・タッチで描いて読者の喝采を浴び、ドーミエともグランヴィルとも違ったスタイルを確立するが、そのとき、彼が真っ先にしたことは「ファッション・プレートのスター」だった時代の記憶を自分のキャリアから抹殺することであった。それほどに、ファッション・プレート時代のキャリアはガヴァルニを傷つけたのである。

　ファッション・プレートの世界で一頭地を抜けるには、ファッション・プレートというジャンルの枠組みを超えた才能がなければならない。だが、そうした才能に恵まれたイラストレーターは永遠にその

ジャンルにとどまっていることはできずに、外側の世界に飛躍することになる。そして、飛躍に成功したとたん、過去のキャリアが疎ましくなり、それを抹消しようとつとめることになる。

この美術の位階の中の最下位の最下位というポジションゆえの悲劇は、ファッション・プレートを手掛けるイラストレーターの宿命のようなものであり、20世紀になって商業美術の「格」が上がっても、同じようなことが繰り返されることになるのである。

***

20世紀のファッション・プレートの復活

空白の80年の後、革新的な編集者がファッション・プレートを蘇らせる

版画は複製芸術であるがゆえに、ファイン・アートの世界ではヒエラルキーの最下位に位置する。しかし、一応ファイン・アートだから、それなりに威張ってはいられる。しかし、同じ版画でも、ファッション・プレートとなると、これはもう完全な商業美術だから、全然、偉くない。しかも、同じ商業美術でも、ポスターなどと比べると、ファッション・プレートはモード業界という狭い世界の美術でしかなく、商業美術の中でも地位は相当に低いと見なされていた。

このようにファッション・プレートというのは、版画であると同時にモード絵であるということで二重に不幸な出自を負うていたのである。

だから、モード・ジャーナリズム誕生と同時に生まれたファッション・プレートにオラース・ヴェルネ、ルイ゠マリ・ランテ、ガヴァルニという傑出した才能が次々に出現したのは、奇跡と呼ぶほかはなかった。

もちろん、奇跡はたんなる偶然ではなかった。ラ・メザンジェールとジラルダンという名編集者がいて、ヴェルネ、ランテ、ガヴァルニの才能を見抜き、デッサンを最高の彫り師と刷り師に渡して完成品へと導いたからこそ起こったものなのである。いいかえれば、ファッション・プレートという、美術のヒエラルキーの最下位、あるいはアウト・カーストの中から個性と自己表現を伴った「アーティスト」が現れたのは、ある意味、自己顕示欲の強い編集者という総合的演出家がいたからなのである。

逆にいうと、自我意識の強い、優れたモード編集者がいない限り、ファッション・プレートの中からはアーティストは現れないということになる。

この「法則」は、残念ながら、ジラルダンが『ラ・モード』を売却した1831年からほぼ80年のあいだ「真」であり続けた。すなわち、1831年から1911年までの80年間、モード・ジャーナリズムは、それを自己表現の道具として使い、優れた才能を糾合して革新的な雑誌を創造しようとする編集者に恵まれなかったために、個性を持たない職人たちのルーティーン・ワークの場と化し、その中からアーティストが現れるという奇跡は起こらなかったのである。

そのことは1831年から1911年までのファッション・プレートを編年的に辿ってみればすぐに明らかになる。どれ一つとして、美術史に組み入れるべきレベルには達しておらず、服飾史という狭いジャンルで処理可能である。つまり、服飾史を超えて美術史に迫るようなイラストレーターは出現せず、編集者

も服飾業界の内側しか意識できないものばかりだったということである。

　ところが、1911年に至って、すべてが変わる。まず、まったく新しいタイプのデザイナーが現れ、ついで新しい革新的な編集者が出現し、新しいイラストレーターと新しい彫り師と刷り師を結合させて、いままで見たこともないようなファッション・プレートを世に出して「革命」を成し遂げたのである。

ルパップとコルモン教室の仲間

　すなわち、1911年に発表されたアルバム『ジョルジュ・ルパップが見たポール・ポワレの作品』をきっかけに、1912年に矢継ぎ早に創刊された『モード・エ・マニエール・ドージュルデュイ』、『ジュルナル・デ・ダム・エ・デ・モード』、『ガゼット・デュ・ボン・トン』という3つのモード雑誌である。

　これらの雑誌では、私が「アール・デコ・イラストレーションの四天王」と呼ぶジョルジュ・ルパップ、ジョルジュ・バルビエ、シャルル・マルタン、アンドレ・エドゥアール・マルティ（A・É・マルティ）が20世紀の開幕を告げるかのごとく、新しいスタイルと表現手段を引っ提げて世界に登場し、ポスター、舞台衣装、広告図像、挿絵本など様々なグラフィック・メディアを次々に手掛けて、たった数年のあいだに「革命」を成し遂げてしまうのである。

《ルパップ自画像》 1910年

　ところで、この4人のイラストレーターのうち、ジョルジュ・バルビエについては前回のコレクション展のカタログで語ったのでひとまず措くとして、ここでは、ジョルジュ・ルパップ、シャルル・マルタン、A・É・マルティについて語っておくことにしよう。

　この3人のイラストレーターはいずれも、1905年から1909年にかけて、エコール・デ・ボザール（国立美術学校）のフェルナン・コルモン教室で学んだ仲間である。マルティが1882年生まれで一番年長、マルタンは1884年生まれ、ルパップは1887年生まれと一番若い。コルモンは自らはアカデミックな画家だったにもかかわらず、生徒たちの自主性を重んじる先生として知られ、マルティ、マルタン、ルパップの3人も、アカデミズムの気風にとらわれることなく、各方面にアンテナを張り巡らしながら感受性に磨きをかけていた。このうち、最年少ながら、最も早い時期に彗星のようにデビューしたのがジョルジュ・ルパップである。

　ジョルジュ・ルパップは1887年、パリに生まれた。父親のイッポリット・ルパップはギュスターヴ・エッフェルがエッフェル塔を建設するときにエレベーターの設計で協力を仰いだエンジニアで、その家庭は典型的な16区の新興ブルジョワジーだった。しかし、イッポリットは珍しく息子に対する理解力を持っていた。そのため、関節リューマチでリセを休みがちになり、自宅で文学と美術に耽溺する息子が理科系進学を拒否して画家になりたいと言い出しても怒ることはなかった。

　こうして、親の許可を得て、1902年からモンマルトルのアンベール画塾に通い出したルパップはそこで多くの新進画家と知り合う。ジョルジュ・ブラック、フランシス・ピカビア、それにマリー・ローラン

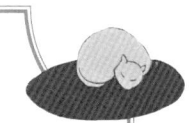

サンである。とくにブラックとは親しくなり、両者の友情は生涯続いた。

　1905年、ルパップは晴れてエコール・デ・ボザールに入学し、コルモン教室に入室する。ここで、ルパップはアンドレ・É・マルティ、ジャック・マティ、ピエール・ブリソー、ベルナール・ブテ・ド・モンヴェルなど、後にイラストレーター仲間になる友人たちと知り合ったのである。マルタンはあとから入室して彼らのグループに加わることになる。

　コルモン教室の仲間たちの興味は、ピエール・ブリソーとブテ・ド・モンヴェルがダンディスムの信奉者だったこともあって、おのずとモードの方面に向かった。教室やアトリエでのデッサンを終えると、最新流行の盛り場に繰り出してエレガントな美女やダンディが競うように遊歩道を練り歩く様を観察した。

　1907年から1908年にかけてコルモン教室の仲間たちを震撼させる出来事が2つ起きた。ひとつは、ピカソが1907年に《アヴィニョンの娘たち》を発表してキュビスムの時代を開いたこと。もうひとつはポール・ポワレが1908年に『ポール・イリーブが語るポール・ポワレのドレス』を発表したことである。ファイン・アートとモードの世界でほぼ同時に生じたこの不可逆的な変化については、これまで2つの学問領域で個別に研究がなされてきたが、本来なら、2つを通底させるような視点からの研究が開始されなければならないだろう。なぜなら、このときから、2つのジャンルは画然と分かたれた別の領域ではなくなり、モダンを志向する1つの大きなうねりとなって動きだしたからである。

　そうした2つを1つにまとめるきっかけとなったのが、いうまでもなく1909年5月18日にシャトレ座でオープンしたセルゲイ・ディアギレフ率いるロシア・バレエ団の公演である。とりわけ、『アルミードの館』の最後にニジンスキーが見せた跳躍はパリのアヴァンギャルド志向の若者たちの心をワシ掴みにして、一夜にして「革命」が成し遂げられてしまったと言われる。19世紀は一夜にして過去のものとなり、モダンな20世紀が始まったのである。

　そんな芸術的興奮が恋愛感情を刺激したのか、ルパップはボザールを卒業すると、1909年の9月、同級生の妹で、有名な建築家の娘だったガブリエル・ローザンヌ、通称ビエルと結婚する。結婚後、ルパップは生活のためにファヤール書店、アティエ書店、ベナール書店などから出される新刊の挿絵を引き受けるが、特筆すべきは愛妻を描いた油彩《マダム・ジョルジュ・ルパップの肖像》が1910年のサロン・ドートンヌに入選し、その縁でサロン・ドートンヌの秘書として雇われることになったことだろう。ルパップは、職業画家としてやっていける自信を深めたのだ。

ルパップ、ポール・ポワレに抜擢されて、『ジョルジュ・ルパップが見たポール・ポワレの作品』を描く

　そんな1910年のある日、友人の編集者グートゥロが訪ねてきた。グートゥロは言った。
「ところで、君はポール・ポワレを知ってるかね？」
「有名なモード・デザイナーだということだけは知ってる」
「いや、今日来たのはそのポワレからの依頼なんだ」
　そう言って、グートゥロは話し始めた。ポール・ポワレは2年前、『ポール・イリーブが語るポール・ポワレのドレス』という画期的なアルバムを出してモード界に革命を起こしたが、今回、新作を別のイラストレーターに描かせてニュー・アルバムを作りたいと思っている。そのポワレがルパップに会いたい

と言っているというのだ。

ルパップは驚いた。

「私はそれ以前にはなんにしろ商業的なイラストというものを描いたことがなかった。私はずっと油絵を描いてきたのだ。にもかかわらず、私はポワレと会うことに同意した。そして、有名人と近づきになれることを妻とともに喜んだ。〈パリのパシャ〉と呼ばれている人と知り合えるなんて、なんと素晴らしいのだろうと語り合った。その日、私がお使いから戻ると、妻が本能の赴くままに鉛筆で描いたプリミティフで稚拙なモード画を4枚ほど私に見せた。ズボンをはき、髪をショート・カットにした、ネイルと唇を真っ赤に染めた女の子のデッサンで、革命的と言われたポワレと比較しても、異様なファッションというしかなかった。私はおもしろくてユニークなアイディアだと感じたので、そのデッサンをしまっておいた。

数日後、グートゥロが来て、ポワレに面会しにいくことになった。グートゥロは妻の4枚のデッサンを見ると仰天し、狼狽気味に言った。『いいかい、それをポワレに見せたりしてはいけないよ。馬鹿にしていると思われて、お払い箱になるよ。さあ、それをしまっておきたまえ』」(クロード・ルパップ&ティエリ・ドフェール『ジョルジュ・ルパップあるいは描かれたエレガンス』以下、会話の引用は同書による)。

ルパップは友人の忠告に怒ることもなく、デッサンを丸めてポケットに入れた。ポワレは豪邸に2人を愛想よく迎えた。そして、大きな目をギョロつかせながら、ルパップに向かって言った。

「ところで、君。君に私のアルバムをつくってみる気はあるかね？」

ルパップとグートゥロが驚いて声も出ないでいると、ポワレは続けた。「よろしい。それでは、とにかく、私のコレクションを君たちに見てもらうことにしよう」

こうして、ルパップとグートゥロは、ポワレの最新のコレクションを身につけたモデルたちがたった2人のためにモデル・ウォークを繰り広げるのを眺めることとなった。ファッション・ショーが終わると、ポワレが声をかけた。「で、どうだった？」

ルパップはあまりの素晴らしさにポワレの首に飛びつきたくなったが、その衝動をぐっとこらえた。すると、ポワレがまた言った。

「なにも言わないように。君はとにかく、ある印象を受けたのだ。その印象を、私のために、あるがままに翻訳してもらいたい。もし、マヌカンたちをもう一度クロッキーする必要があるというのなら、いつでも言ってくれ。そのように手配しよう。だが、印象をフレッシュに保ちたいというのなら、もう戻る必要はない。完成したら、見せに来てくれ」。ルパップが途方にくれたような顔をしていると、ポワレはヒントを与えた。

「いいかい、一枚の真っ白な紙を広げて、中国の墨で花瓶に入ったバラを描いてみたまえ。あるいは、緑色のインクで四行詩を描いてみるのもいいかもしれない。まあとにかく、好きなようにやりたまえ。でも、君が受けた印象を私のために翻訳するのを忘れないように」

こう言われて少し元気づいたのか、ルパップは恐る恐るポケットから4枚のデッサンを取り出した。グートゥロはあわてたが、ルパップはポワレにそれを見せた。

「素晴らしい！　じつに想像力豊かだ。これを置いていってくれないか？」

「もちろんですとも」

「よし、こうしよう。一週間後、君が来るときに、このデザインを服にしてマヌカンに着せてみせよう。

君のおかげでパンタロン・スカートというアイディアを得たよ」

　この4枚のデザインが『ジョルジュ・ルパップが見たポール・ポワレの作品』の最後を飾る「明日の作品」となったことはいうまでもない。

　モード界の革命児ポール・ポワレの全面的信頼を得たルパップは全身全霊を打ち込んでアルバムの制作に没頭した。そのさい、ルパップの味方をしたのが、日本の造幣局が輸出していた和紙、すなわち局紙であった。ルパップは回想している。

　「私の友人で、コメディ・フランセーズのジャン・クルエが見せてくれたペルシャのミニアチュールにインスパイアーされながら、私は和紙（ジャポン）の上にデザイン画を描いていった。というのも、その和紙は、大理石のように滑らかであると同時に貝殻の内側のように光沢があるので、グアッシュ絵の具は、普通の紙だったら中に染みこんでしまうところを、逆に花弁の上の水滴のようにいつまでもフレッシュなままだったのだ」。

　この証言は貴重である。なぜなら、ルパップの『ジョルジュ・ルパップが見たポール・ポワレの作品』に始まる「ファッション・プレート革命」はジャン・ソデによるポショワールの革新性もさることながら、鮮やかな色を発色させる局紙に負うところが少なくなかったからである。アール・デコのファッション・プレートはその最上の部分を局紙に負うているのである。

　1911年2月15日、『ジョルジュ・ルパップが見たポール・ポワレの作品』が1000部限定で出版されると、反響はすさまじいものになった。モードが一変したばかりではない。グラフィックな表現のすべてがモダンに切り替わってしまったのである。

異色編集者の登場

　そのモード革命にしてグラフィック革命であるところの大変動をさらに加速することになったのが、1912年に矢継ぎ早に創刊された3つのモード雑誌だった。すなわち『モード・エ・マニエール・ドージュルデュイ』（5月創刊）、『ジュルナル・デ・ダム・エ・デ・モード』（6月創刊）、『ガゼット・デュ・ボン・トン』（11月創刊）である。では、なにゆえにこれら3つのモード雑誌が「モード＆グラフィック革命」の担い手となったかといえば、それは、従来のモード雑誌とは異なる出自の編集者の手によって、まったく違う角度から編集されていたからである。ひとことでいえば、1912年の「モード＆グラフィック革命」は、服飾デザイナーとイラストレーターを結ぶ新しいタイプの編集者によって領導されたということなのだ。

　では、その「新しいタイプの編集者」というのは、どのような人物であったのか？

　ひとつは、それまでのモード・ジャーナリズムとはなじみの薄い分野から参入した編集者であること。つまり、1912年の「モード＆グラフィック革命」は、狭いサークル内で完結し、外部世界（文学・政治・美術）とは関係を持たなかったモード・ジャーナリズムの内部から自然発生的に起こった革命ではなく、「外部注入的」に生み出された革命なのである。

　その一番手となったのが『モード・エ・マニエール・ドージュルデュイ』である。この特異な形式のモード雑誌を刷ったのは『ジョルジュ・ルパップが見たポール・ポワレの作品』と同じマケ印刷所であり、第1回目に配本された12枚1組のファッション・プレートがすべてジョルジュ・ルパップの手になるものであることから見ても、ルパップとの結び付きが強いことが伺われる。

　しかし、まず『モード・エ・マニエール・ドージュルデュイ』がどんなモード雑誌だったのかを確認しておかなくてはならないが、それはモード雑誌というよりも、モード・アルバムの形式を採用した定期刊行物だったというのが一番正しい。配本が、原則「毎年1回」の頻度で、ファッション・プレート12枚が、つまり1年分のそれが1つのテクストとともに「まとめて」配本されるという形式なので、これは雑誌的な定期刊行物と呼ぶほかないのだ。12枚のファッション・プレートはすべて同一のイラストレーターが担当し、1912年はルパップ、1913年はシャルル・マルタン、1914年はジョルジュ・バルビエ、1914年から1919年にかけての第一次大戦合併号は再びルパップ、1919年はマルティ、1920年はロベール・ボンフィス、1921年はフェルナン・シメオンという順番になっている。

　ところで、この7分冊を詳しく検討してみると、最初の1分冊、つまりルパップが担当した分は発行者がピエール・コラール、残りはコレクション・ピエール・コラールと記されている。これは、最初、コラールがルパップの担当分だけを単独のアルバムとして出す予定でいたのが、好評だったため、続刊を出すことにしたためと思われる。なお、ピエール・コラールは第一次世界大戦に出征し、1914年11月21日にボラントの丘のアルゴンヌの森で名誉の戦死を遂げた。そのため4号以下は、助手だったメニアルが未亡人に協力して、コレクション・ピエール・コラールという名称で発行を続けることとなる。

ピエール・コラールとは誰か？　モードという「集団の夢」

　問題は、この戦死したピエール・コラールである。というのも、1877年に生まれたコラールこそ、20世紀におけるモード・ジャーナリズムの再興に与かって力あった最初の出版人であったからだ。では、ピエール・コラールとはいかなる人物だったのか？

　資料はほとんどないが、わかっているのは20世紀初頭に『フィロドールの夜』（『ボエームは楽しむ』の題で再刊）、『愛人たちの学校』、『理想の探求者たち』、『今日のボエーム』などの小説や詩集を上梓したデカダン系の文学者だったという事実、および1912年に、己の才能に見切りをつけてピエール・コラール書店を始めたことだけである。しかし、これだけの情報しかわかっていなくとも、ピエール・コラールがおそろしく洗練された趣味人であったことは『モード・エ・マニエール・ドージュルデュイ』を実際に手に取って触って見ればたちどころに理解できる。つまり、隅々までこまやかな神経の行き届いた造本とファッション・プレートのために選ばれた静岡産の鳥の子紙の手触りだけで圧倒されてしまうのである。「ふーむ、なんという贅沢な、センスのいいアルバムなんだ！」とだれもが感嘆せずにはいられない。

　しかし、心底唸るのは、①ルパップ、②マルタン、③バルビエという生前に彼が決めたイラストレーター登場の順番である。バルビエではなく、ルパップとマルタンを最初にもってきたところが、彼が『モード・エ・マニエール・ドージュルデュイ』をどのような方向性でつくろうとしたかを示しているのだ。それはひとことでいえば、モダニズム重視であり、ファッション・イラストレーションという分野に先端的に現れ始めた「20世紀」を決定的なものにしたいという願望である。しかも、その感受性革命を、ファイン・アートではなく、ファッション・プレートによって実現するというところが重要なのである。

　だが、なぜ、ファイン・アートではなくファッション・プレートという商業美術でなければならないのか？

　それは、ファッション・ジャーナリズムこそ、編集者という黒子が主導権を握りえる「集団の夢」の一

つだったからである。ピエール・コラールは自らは漠然としか意識していなかった「集団の夢」を顕在化し、それによって自己を表現したいがために『モード・エ・マニエール・ドージュルデュイ』を創刊したと言っても過言ではない。

　そのため、彼は、従来のモード雑誌とはまったく方向性を変え、モード・デザイナーの作品をイラストレーターが転写するのではなく、イラストレーターの独創をモードというかたちで表現させることにした。だから、『モード・エ・マニエール・ドージュルデュイ』のイラストは、具体的なモードではなく、イラストレーターの脳髄に宿った「モードの夢」を外在化したものにほかならない。

　しかも、そのイラストレーターの「夢」は同時にピエール・コラールの「夢」とも重なっていなくてはならない。いや、それだけではない。ポショワールという新しい複製技法をあやつる工房の職人たちの「夢」もそれに加わって、「集団の夢」が誕生したのである。この意味で、モードというのは、コラールにとって、その「集団の夢」を現実にするための「口実」であったという見方もできないわけではない。というよりも、モードこそが「集団の夢」が最も顕在的に露出する場所ならば、そこに賭けてみるべきだと考えたと言えるのだ。

　かくて、1912年5月9日、コラールは、前年に華々しくデビューを飾ったルパップに白羽の矢を立てると、一気呵成に『モード・エ・マニエール・ドージュルデュイ』の創刊にこぎつけたのである。

　そのとき彼の頭にあったのは、1798年から1808年にかけてラ・メザンジェールが『ジュルナル・デ・ダム・エ・デ・モード』と並行して刊行していた『モード・エ・マニエール・デュ・ジュール』であろう。それは、オラース・ヴェルネ以前の最高のファッション・イラストレーターと称されたドゥビュクールのイラストを用いた豪華雑誌であった。ピエール・コラールは、どこかでこの豪華モード雑誌を見て、自分が創刊すべき雑誌のヒントとし、その名前にちなんで、同じ意味ながら、「ジュール」に替えて「オージュルデュイ」という現代風の言葉をタイトルに入れたのだ。

　いずれにしろ、すべてが19世紀から20世紀へと切りかわろうとしているこの時期に、ピエール・コラールのような抜群のセンスと感受性をもった文化人が、ちょうど1世紀前のモード雑誌の素晴らしさに注目して、その現代版をつくろうと画策しはじめたということはもっと真剣に考察されてよい。

　なぜなら、ラ・メザンジェール編集のモード雑誌に注目したのは彼だけではなかったからである。しかも、その注目の時期があまりに一致しているので、もしかすると、1911年の後半かあるいは1912年の前半に『ジュルナル・デ・ダム・エ・デ・モード』や『モード・エ・マニエール・デュ・ジュール』の回顧展のようなものがどこかの画廊かどこかで開かれたのかもしれないと想像したくなる。

トマッソ・アントンジーニと新版『ジュルナル・デ・ダム・エ・デ・モード』

　そうした一人が、借金取りに追われてイタリアからパリに逃げてきたダヌンツィオの秘書で、後に伝記作者となったトム（トマッソ）・アントンジーニ（1877-1967　レイモン・ゴドリオが前掲書でアンゴニーニと誤記したため、日本のモード関係書ではみなこうなっているが、正しくはTomasso Antonginiである）。ダヌンツィオはこの時期、バレリーナのイダ・ルビンシュタインのために『聖セバスチャンの殉教』のオペラ台本を書いており、それがレオン・バクストとドビュッシーによって上演されたことから、アントンジーニの周辺にはロシア・バレエ関係者やモード業界の人々が集まっていたのだ。アントンジーニは大変な古書コレ

クターで、19世紀のモード雑誌等にも詳しかったので、パリでラ・メザンジェールが発行した『ジュルナル・デ・ダム・エ・デ・モード』と遭遇していた可能性は十分にある。

とにかく、アントンジーニが狙ったのは、その頃にパリで発行されていた『フェミナ』その他のモード雑誌とはまったく性質を異にするモード雑誌だった。つまり、写真製版のぼやけたカラー印刷ではなく、ジャン・ソデによって考案されたポショワールを全面的に使った鮮やかな色彩のファッション・プレートを含む冊子型の雑誌である。ようするに、ラ・メザンジェールの『ジュルナル・デ・ダム・エ・デ・モード』の形式を、ジャン・ソデのポショワールによってリバイバルさせようというわけである。

このように、現代版の『ジュルナル・デ・ダム・エ・デ・モード』がパリの愛書家のサークルから誕生したことは、創刊号の序文で「愛書家の王」アナトール・フランスがラ・メザンジェールの『ジュルナル・デ・ダム・エ・デ・モード』がいかに稀覯本であるかを力説していることからも明らかである。

ところで、アントンジーニの周囲に集まったメンバーを見ると、ダヌンツィオ、アナトール・フランス、レオン・バクストという顔触れだから、それが『ジョルジュ・ルパップが見たポール・ポワレの作品』が切り開いたモダニズムの新しい地平とは無縁な保守的な上流社会と同質だったことは指摘しておいたほうがいい。

それは、アントンジーニの『ジュルナル・デ・ダム・エ・デ・モード』の初期のファッション・プレートを見れば一目瞭然である。モダニズム的な要素はほとんどない。描かれた女性もそのファッションも、またイラストレーターたちの描き方も、すべてはまだ「19世紀」という「集団の夢」の中にあり、「20世紀」は兆してさえいない。ひとことでいえば、創刊から半年間の『ジュルナル・デ・ダム・エ・デ・モード』はプルーストの『失われた時を求めて』の世界にどっぷりと浸かっていたのだ。

ところで、創刊された『ジュルナル・デ・ダム・エ・デ・モード』のこうした保守的な傾向を安堵しながら観察していた一人の男がいた。リュシアン・ヴォージェルという編集者である。

リュシアン・ヴォージェルと『ガゼット・デュ・ボン・トン』

リュシアン・ヴォージェルは1886年アルザスに生まれた。父親は『アシエット・オ・ブール』でスタンランやモーリス・ラディゲ（作家のレイモン・ラディゲの父親）などと活躍したイラストレーターのエルマン・ヴォージェルで、息子はこの父から紙と刷り立てのインクの匂いに対する偏愛を受け継いだのである。

リュシアン・ヴォージェルは、建築を志したが在学中からジャーナリズムに出入りし、『コメディア・イリュストレ』という美術と演劇雑誌の編集長だったブリュノフの娘コゼットと結婚する。ちなみに「ババール」で有名なジャン・ド・ブリュノフはコゼットの兄である。リュシアン・ヴォージェルは建築家になる夢を諦めて、女性雑誌『フェミナ』の芸術部門担当となり、1909年には総合芸術誌『アール・エ・デコラシオン』の編集長となった。

ある日のこと、愛書狂の友人の家に遊びに出掛けたヴォージェルはそこで100年前の『ジュルナル・デ・ダム・エ・デ・モード』を発見し、ドビュクールやオラース・ヴェルネ、それにランテのファッション・プレートに夢中になる。そして、アントンジーニとまったく同じことを考えたのである。すなわち、『ジュルナル・デ・ダム・エ・デ・モード』と同じ形式で、つまり、モード・ジャーナリストではない一流

の文学者たちが執筆する記事に、新進のイラストレーターたちがファッション・プレートを添えるかたちの雑誌を作るというアイディアだ。それも、とびきり上質な紙を使い、ポショワールの最新技法を駆使した最上のポショワールを作るのだ。こうして、大部数の『フェミナ』や『アール・エ・デコラシオン』ではできなかった試みに挑戦をしてみたいという気持ちが強くなったヴォージェルは1912年に入ると、活発に活動を開始し、レオン・バクストやジョルジュ・バルビエ、それにルパップとその仲間たちにも声をかけて、ファッション・イラストレーターの数を確保した。

ところが、創刊に向けて走りだそうとしていたそのとき、ショッキングなニュースがヴォージェルを襲う。アントンジーニ編集の現代版『ジュルナル・デ・ダム・エ・デ・モード』が6月1日に創刊されたという知らせである。ヴォージェルの嘆きはいかばかりであったか。先を越されたという無念の思いが胸中を駆け巡ったにちがいない。

だが、創刊号を手にしたヴォージェルはほっと胸をなでおろす。自分のイメージしていたアヴァンギャルドなモード雑誌とはまったくテイストの異なる雑誌であった。「これなら、まだ行ける！」と思ったことだろう。ただ、ジャン・ソデ工房が担当した『ジュルナル・デ・ダム・エ・デ・モード』のファッション・プレートの質の高さは驚くべきものがあり、ヴォージェルは「これはよほど頑張らないといけないぞ」と気持ちを引き締めた。そして、『ジュルナル・デ・ダム・エ・デ・モード』というタイトルを取られてしまったなら、いっそ、ラ・メザンジェールの編纂になるモード・アルバム『ボン・ジャンル』および同時代のモード・アルバム『シュプレーム・ボン・トン』からタイトルを借りて『ガゼット・デュ・ボン・トン』としようと心が決まった。

かくて、1912年11月1日、『ガゼット・デュ・ボン・トン』が創刊される。その発刊準備号でヴォージェルは高らかに宣言する。

「モードが一つのアートとなった時代においては、モード雑誌そのものがアートの機関誌でなければならない。『ガゼット・デュ・ボン・トン』はまさにそうしたものになろうとしている。（中略）この雑誌に、読者は、ラ・ペ通りのモード・アトリエから出たばかりの最新ファッションを見いだす一方、イラストレーターたちのイラストの中に、彼ら独自のモードの精神、魅力的で大胆な解釈を見いだすはずである。（中略）かくて、『ガゼット・デュ・ボン・トン』の各号のファッション・プレートは、デザイナーの手になるファッションを復元した7葉に加えて、イラストレーターたちの考え出したファッションの3葉の合計10葉から構成される。そして、同時に、この雑誌はそれ自体が一つのアートとなるだろう。すなわち、紙も、判型も、活字も、テクストも、イラストも、ようするにすべてが目に快いものにならなければならないのだ。もちろん、デザイナーの手になるファッションもたんなる複製ではなく、現代の最高のアーティストが描き、デッサンしたドレスの本物のポートレートになるだろう。つまり、手で彩色したファッション・プレートはそのまま素晴らしい水彩画として通用するということなの

『ガゼット・デュ・ボン・トン』
1914年5月号

『ガゼット・デュ・ボン・トン』 1914年6月号

である」。

　マニフェストは空口上では決してなかった。『ガゼット・デュ・ボン・トン』を実際に手に取った読者は、ヴォージェルの公約がすべて完璧に実現されていることを悟ったのである。

　『ガゼット・デュ・ボン・トン』は第一次大戦勃発で1915年にいったん休刊。1920年1月に復刊後は1925年12月まで刊行が続けられた。

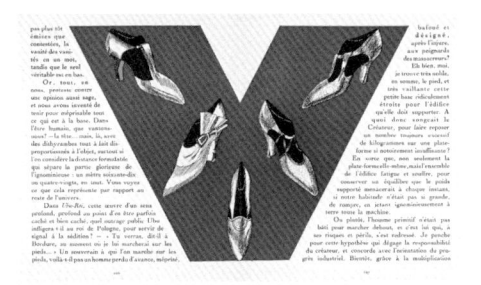

『ガゼット・デュ・ボン・トン』　1923年No.5

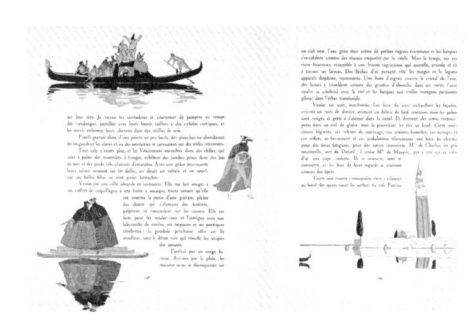

『ガゼット・デュ・ボン・トン』　1923年No.5

ルパップの活躍

　ジョルジュ・ルパップはヴォージェルが最も期待をかけていたイラストレーターだけあって、大車輪の活躍を見せた。とくに、1912年11月の1号から大戦開始までの号はどのイラストも素晴らしく、この時期、ルパップの才能が頂点を迎えていたことを示している。どのファッション・プレートをとっても、そのまま現代に通用するようなモダンさである。

　といっても、大戦後に、ルパップの才能が枯渇したというのではない。ただ、『ガゼット・デュ・ボン・トン』へのイラスト提供は相変わらず続いていたものの、ルパップの関心は別な方面へ移っていったのである。

　ルパップの舞台への関心は、当時代のイラストレーターと同様、ディアギレフ・バレエ団のパリ公演から始まっていたが、それが本格的な衣装と舞台装置の制作へと移ったのは、1911年6月24日にポール・ポワレ邸で開かれた「千十夜物語」からである。ポワレに誘われて妻とともにこの壮大な仮装舞踏会に参加するための衣装をデザインしたルパップはその面白さに目覚め、大戦中の1915年にも劇作家リップ（本名ジョルジュ・テノン）のために『けものたちの黄金時代』『金属』『しくじった一撃』『市民の学校』などの舞台衣装を手掛けたが、輝かしい1920年代が花開くと、その精力をより舞台に集中するようになる。

　そうした中で生まれた最高傑作が、1923年にモガドール座で上演されたモーリス・メーテルランク作の『青い鳥』である。というのも、ルパップはこの作品で、リアリズムの桎梏から完全に解放された舞台衣装を考案し、批評家の絶賛を浴びたのだ。その雰囲気は、挿絵本として制作された同名の本に再現されている。ポショワールはジャン・ソデが担当して、ルパップの挿絵本の最高傑作の一つとなっている。

　『ガゼット・デュ・ボン・トン』が休刊となった翌年の1926年の春、ルパップに耳寄りな話がもたらされる。アメリカ版『ヴォーグ』の専属となって表紙絵を描くためにアメリカに来ないかとコンデ・ナストから提案されたのだ。ルパップは大戦前からアメリカ版、イギリス版、フランス版の『ヴォーグ』にそれぞれイラストを提供していたので、特に抵抗はなく、この提案を受け入れた。こうして、1926年10月からルパップのニューヨーク生活が始まった。イラストは幸い、毎回、好評で、ルパップはフランスでは想像もできないような大金を手にすることができた。

1929年の大恐慌で、フランスの挿絵本業界が壊滅したあとも、ルパップはモード雑誌からの注文が絶えることなく、帰国後は、南仏のサント=マクシムに豪華な別荘を構え、大不況とは関係なく裕福な生活を続けることができた。1932年に、絶望のうちに世を去ったバルビエとは大きな違いである。

　だが、この頃から、ルパップの絵の質がにわかに劣化しはじめる。それは、ある意味、スタイルを確立したともいえるのだが、その肝心なスタイルが少しも魅力的ではないのである。1930年代には挿絵本も手掛けるようになるが、頭が小さく、細長い胴体の人物からは、「ヘタウマ」ではなく、ただの「ヘタ」という印象を受ける。1937年には『ミュッセ全集』に単独で挿絵を提供しているが、かつてあれほど輝いていた才能のかけらさえ見いだせない。ようするに、1930年代に功なり名を遂げて、財産を築いてしまって以降のルパップは、まるで別人のような「ヘタなイラストレーター」に成り下がってしまったのである。戦後も、絵筆の冴えが戻ることはなかった。1971年に83歳で世を去ったときには、『ルパップが見たポール・ポワレの作品』で20世紀を切り開いたことを覚えている人はだれもいなかった。

　再評価が始まるのは、それから20年たった1990年代のことである。

シャルル・マルタンのスピード感覚

　「アール・デコ・イラストレーションの四天王」のうち、シャルル・マルタンは、少なくとも、一時期、最もファイン・アートに近づいたイラストレーターである。モード・イラストレーションや挿絵本というジャンルを超えて、その自己表現がアートそのものの域に到達したかに見えた瞬間が確かにあったのだ。そのスピード感覚とムーブメントの力はグラフィック・アートを超越していたのである。

　では、今日的な評価でいったら、あるいは一番高得点がつくかもしれないシャルル・マルタンとはいかなるイラストレーターであったのか？

　1884年、南フランスのモンペリエに生まれたシャルル・マルタンは、はじめ、この町の美術学校に入学したが、やがて地方の微温的雰囲気にもの足りなさを感じ、パリにのぼってアカデミー・ジュリアンに入学した。ついで、1906年頃にエコール・デ・ボザールに入学し、コルモン教室に入ったが、そこで知り合ったジョルジュ・ルパップ、ピエール・ブリソー、アンドレ・マルティらの若い画学生たちとの交際が彼の人生を大きく変えることになる。

アンドレ・ディニモン《マルタン肖像》 1928年『挿絵画家――マルタン』所収

　先述のように、コルモン教室の仲間はディアギレフ・バレエ団のパリ公演に新しい時代の胎動を感じ取ったが、油絵では、肉体のしなやかな動きと強烈な色彩感覚から生み出されるモダンな印象を表現するのは容易なことではない。なにか、自分たちにぴったりくるあたらしい表現手段を見つけなければならない。

　シャルル・マルタンはいちはやく、水彩で日常生活の瞬間を素描する道を選んだが、このシャルル・マルタンのデッサンが、その頃ユーモア新聞『リール』を編集していたクレマン・ヴォーテルの目にとまり、さっそくイラストレーターに雇われることになった。1907年の秋から、マルタンの大胆なデッサンが『リール』『ル・スーリール』『ラ・ヴィ・パリジェンヌ』などのユーモア新聞の表紙を飾るようになる。

手持ちの『ル・スーリール』をめくってみると、すでにして、マルタンの大胆きわまりない構図と極端にデフォルメをきかした人物の描写が、他のオーソドックスなイラストレーターたちのデッサンと著しい対比をなしている。とりわけ、前面の端に置かれた人物が、大きく、斜めに画面を占領するという構図はマルタン独特のものである。あるいは、そこには、構図の天才ロートレックの影響があるのかもしれない。人物のデフォルメはポール・イリーブに似たところもあるが、1910年の号が進むにつれて、マルタン特有のスタイルが現れはじめ、この年の後半には、すでに独自のデフォルメの方法を完成していることがわかる。また画面を5色以下の単純な色分けで処理し、その色彩のコントラストで勝負するという色彩感覚も、このときからそなわっている。

　しかし、『リール』や『ル・スーリール』は、しょせん、写真製版のカラー印刷にすぎず、思いどおりの色彩を再現することはできなかった。ところが、ここに複製技術の革命とも呼べる新しい版画技法が登場する。ジャン・ソデが開発したポショワールの技法がそれである。

　このポショワールという技法は、原理はいたって単純で、型を抜いたステンシルに上から、はけで絵の具を塗り付けていくものである。フランスでは、以前からエピナールと呼ばれる民衆版画でこの技法がもちいられていた。しかし、それは、赤・青・黄色といった原色を単純に塗り込めたものにすぎず、複雑な色彩を必要とするファッション・プレートや挿絵本にはむかないと考えられていた。ところが、ジャン・ソデは、高度の職人芸を披露してこのポショワールを、極めて複雑な色彩の表現が可能な複製技法へと高めた。その結果、それまでの写真製版のカラー印刷に強い不満を感じていたポワレたちオート・クチュールのデザイナーたちがまず、この技法にとびついた。ポワレは1908年に、ジャン・ソデのポショワールを用いたアルバム『ポール・イリーブが語るポール・ポワレのドレス』でモード界に革命を起こすと、続いて、先述のように、1911年の『ジョルジュ・ルパップが見たポール・ポワレの作品』で、20世紀そのものの幕開けを告げたのである。

　『ジョルジュ・ルパップが見たポール・ポワレの作品』が世に出た翌年の1912年には、これまた先述のように、『モード・エ・マニエール・ドージュルデュイ』『ジュルナル・デ・ダム・エ・デ・モード』『ガゼット・デュ・ボン・トン』が創刊されたが、この3誌すべてにかかわったのは、「アール・デコ四天王」のうちでシャルル・マルタンとジョルジュ・バルビエの2人である。

　洗練された上品な趣味を売り物にするデザイナーたちは、バルビエやマルティを選んだが、モダンなカットを特徴とする進取的なデザイナーたちは、マルタンの動きとコントラストのあるイラストレーションを好んだ。こうしたマルタンの特性がもっともよく発揮されたのがルパップのあとを受けて担当した1913年分を担当した『モード・エ・マニエール・ドージュルデュイ』である。

　マルタンの12枚のファッション・プレートは、色彩といい、構図といい、彼のすべてのファッション・プレートのなかで最高のもののうちに数えられる出来栄えをしめしている。たとえば、オレンジと赤の縞模様の壁紙、赤紫色のベッド、そこに身をなげようとしているピンクの室内着の女性という、あざやかな暖色系ばかりを使った大胆な色彩感覚。あるいは、緑色のオウムに餌をあげながら身をそらしている女性の真っ赤な帽子とグレーのドレスのコントラスト。雪の降る中をグレーのマフに手をいれて歩いて来る女性の市松模様のコートは、ネッカチーフとドレスのブルーによって引き立てられ、脇の赤い柱との対比で一段とくっきりと浮き出している。

だが、マルタンをマルタンたらしめているのは、なんといっても、その大胆な構図と画面全体にひろがる明るいムーブメントだろう。大きく跳ね上がったピンクのマフラーが、小雪の降る晩に外出するときのなにかワクワクするような期待感をよくあらわし、室内着をはだけながらベッドに飛び乗ろうとしている女性の手足が、新しい時代の解放感を見事に示している。

　もちろん、『モード・エ・マニエール・ドージュルデュイ』は、当時のモードの状況や顧客の要請とは一切関係のないところでイラストレーターが独自のコンセプトを展開するという自由な方針があったので、かならずしも描かれたデザインが衣服として実現可能だったわけではない。しかし、そこには次の時代のモードやグラフィック・アートに進化をもたらすなにかが含まれていた。その点についてはマルタン自身がこう語っている。

　「わたしたちが描いた服は、まったく実現不可能なものばかりでしたが、そこにはヒントになるようなものがありました。そして、現実にだれもがそのヒントを利用したのです。しばらくすると、わたしたちがあのようにして好き勝手に描いたアイディアがモードの世界に取り入れられていることに気づきました。たいていの場合、わたしたちのデザインには実現可能に見える部分はなにもありませんでしたが、それでもそのなかには、出発点となりうるものがあったのです」。

　モードとは、今、この瞬間に新しければそれでよく、永遠に新しくなければならない理由はいささかもない。次の年にはすでに流行遅れになるのはあらゆるモードの宿命である。だが、マルタンが『モード・エ・マニエール・ドージュルデュイ』や『ガゼット・デュ・ボン・トン』で表現したモードのデザインや色彩は、たんに、次の時代の出発点となるばかりか、時代を越えた、いわば永遠のモデルニテといったものを孕んでいる。それは、ファイン・アートのように初めから永遠を目指したものではない。むしろ、時代の限界というエフェメラのうちに表現されながら、逆に新しい時代の最も敏感な感性を表出しているがゆえに、時代を越えて我々のうちになにものかを呼びさますのである。1928年に書かれたシャルル・マルタン論の中で、マルセル・ヴァロテールはすでにこう述べている。「我々の時代の偉大な、真の芸術家とは、みな、人々が二流の才能としか考えていない芸術家のなかにいる。未来が我々の時代の反映や深い意味を見いだすとしたら、それは、まさにこうした画家の慎ましい、だが素晴らしいデッサンのなかにちがいない」。

　マルタンのフッション・プレートを見て、インスピレーションを掻き立てられたのはモードのデザイナーばかりではなかった。とりわけ、マルタンの特徴である明るく軽快な「動き」は、作曲家のエリック・サティを魅了した。

　こうして、マルタンが描いたスポーツと遊びの絵に、サティが作曲した歌曲をあしらった曲画集『スポーツと気晴らし』ができあがった。この企画は『ガゼット・ドュ・ボン・トン』の編集長リュシアン・ヴォージェルが立案し、最初ストラヴィンスキーに作曲させる予定でいたのが作曲料の点で折り合いがつかず、急遽サティが駆り出されることになったといわれるが、そんな裏の事情を感じさせないぐらい、マルタンとサティの呼吸はぴったりとあっている。キュビスムの影響を咀嚼しながらマルタンは、「スポーツ」というこのモダンな習慣行動をいかにも楽しげに描き出している。

　しかし、マルタンの絵とサティの曲ができあがり、いざ出版というときになって、思いもよらぬ第一次世界大戦が勃発し、『スポーツと気晴らし』は1919年まで延期されてしまう。そしてマルタンも戦場に

駆り出され、数々の辛酸を味わう。だが、こうした戦場の体験もけっして無駄ではなかった。

マッコルランの序文を付した戦場風景のアルバム『植木鉢の下で』が1917年に世に出たからである。このアルバムは、手榴弾を投げる兵士や、撃ち落とされる伝書鳩、ぬかるみに立つ歩哨といった戦場につきものの悲惨な光景を、浮世絵のような不思議な省略技法で描き出したデッサン画の傑作で、たとえば、手榴弾をボーリングになぞらえるといったブラック・ユーモアが、その白黒の卓抜な画面構成を一段とひきたてて、マルタンがファッション・プレートだけのイラストレーターでは決してないことを我々に教えてくれる。

マルタン『植木鉢の下で』 1917年より

1918年、ようやく、大戦が終わった。すでに伝統的な価値観は完全に瓦解していた。それまで異端視されていたキュビスムは、もはや大きな流行の中に取り込まれ、あらゆるグラフィックな媒体にその幾何学的な線をあらわし始めていた。なかでも、ポスター、ＰＲ誌、カタログなどの広告メディアは、新しい時代の鋭い感性を必要としていたから、大胆な構図と色彩を特徴とするマルタンの才能をほうっておくわけがなかった。マルタンは、香水、家具、劇場、リキュール、自転車など様々な商品のコマーシャル・グラフィックを手掛けたが、こうしたコマーシャル・グラフィックの先駆者ともいえるドレジェール兄弟社のために描いた2つの傑作パンフレット、『貴社の栄光と商品の高品質に常に配慮せよ！』(1924年、ジャン・コクトー文)と『ワイン閣下、酒飲み術』(1927年、ルイ・フォレスト文)は、この種の広告図像のうちで白眉のものである。

なかでも、酒屋チェーンのニコラのために作られた『ワイン閣下、酒飲み術』は、ワインを味わうためのあらゆるノウハウを網羅した入門書

マルタン『植木鉢の下で』 1917年より

だが、マルタンは、ワインの本当の味わい方を知っている洗練された趣味人の肖像(図1)から始めて、栓の抜き方(図2)、注ぎ方(図3)、精神統一(図4)、目の喜び(図5)、鼻の喜び(図6)、口の喜び(図7)、味わい(図8)というように、ワインを賞味する8つの段階をユーモラスなタッチで描いている。それぞれの表情はドーミエのカリカチュアのようにエスプリに富み、またムーブメントが豊かで、マルタンが力動感と構図のイラストレーターであることをあらためて認識させてくれる。ドレジェール兄弟社の発行するイラストレーションはすべて写真整版だが、その質はきわめて高く、ワインの赤の色が素晴らしい効果をあげている。

ところで、1920年代のマルタンは、こうした広告図像のほか、挿絵本にも活躍の範囲を広げ、限定部数のデラックス本を何点か製作した。とりわけ、自ら彫りと刷りもおこなったカラー銅版の挿絵本、アンリ・ド・レニエ『ティト・バッシのヒロイックな幻影』(1925年)は、カラー・アクアチントという18世紀の複雑な複製技法をリバイバルさせた傑作で、黒と灰色のグラデーションを背景に、微妙な色合いの赤や青や黄色を効果的に配した独特の味わいが、見る者に忘れ難い印象を与える。

このように、シャルル・マルタンはファッション・プレート、ポスター、広告図像、挿絵本というよう

にアール・デコ時代のグラフィック・アートのほとんどの領域で八面六臂の活躍を続けたが、1929年のウォール街大暴落に端を発した大恐慌で一切の仕事を失い、1934年、失意のうちに世を去った。享年50。アール・デコを代表するバルビエも、F＝L・シュミットも同じように50歳前後で他界している。商業美術によって才能を伸ばしたこれらのイラストレーターたちが、資本主義の有無をいわさぬ冷徹な原理によって、活躍の場を奪われ、あげくに寿命を縮めたのは、なんとも運命の皮肉としかいいようがない。

マルティの可憐さ、少女趣味の極致

「アール・デコ・イラストレーションの四天王」のうち、アンドレ・エドゥアール・マルティ（A・É・マルティ）は、最も地味で、最も自己主張の少ないイラストレーターのように見えるかもしれない。だが、それは自己主張というものをアートの眼目とする西欧的な観点に立つからであって、自己主張とは別のところに評価の基準を置く日本的な観点からすると、マルティは4人の中でも最も高得点を獲得するイラストレーターではないだろうか？

要するに、マルティは最も日本人好きのするイラストレーターなのである。

ではなにゆえに、日本人は（私を含めて）マルティを好むのか、この点に論点を絞って、以下、マルティというイラストレーターについて論じてみたい。

デュノワイエ・ド・スゴンザック《マルティ肖像》 1930年 『挿絵画家—A・É・マルティ』所収

アンドレ・エドゥアール・マルティは1882年4月16日にパリで生まれた。出自について詳しいことは分かっていないが、マルティに関する数少ない研究書の一つ『挿絵画家—A・É・マルティ』（アンリ・バブー書店、1930年）を書いたジャン・デュラック（この人もイラストレーター）によると、リュクサンブール公園を遊び場にして育ったというから、おそらくは左岸のブルジョワ家庭の出身なのだろう。

そのせいか、リセを終えたあとは、ソルボンヌ（パリ大学文学部）で哲学の学位を修得している。1905年の前後にエコール・デ・ボザールに入学しなおして、コルモン教室でルパップ、マルタン、ベルナール・ブテ・ド・モンヴェルらとイーゼルを並べることになるが、5年の年の差があるルパップと同学年というのは、パリ大卒という回り道が関係している。

しかし、この回り道はマルティのキャリアから判断して、決して無駄ではなかったようだ。

一つは、幼い頃から文学に親しみ、また大学でも文学や哲学を学んだ経験が、後に挿絵作家となるのにおおいに役だったからである。マルティは4人の中で最も挿絵本の多いイラストレーターなのだ。

もう一つは、絵画を学び直すために、ベルナール・ブテ・ド・モンヴェルの父親であるモーリス・ブテ・ド・モンヴェルがモンパルナスのグランド・ショミエールで開いていた画塾に通ったこと。モーリス・ブテ・ド・モンヴェルは、子供向けの絵本というジャンルに偉大な足跡を残したイラストレーターで、そこに登場する子供たちが、浮世絵の影響か「欧亜混血的」な顔付きをしているのを特徴とするが、

マルティは明らかにこの恩師から影響を受けている。マルティが日本人好みの画家であることも、この「欧亜混血性」と関係があるのかもしれない。

それはさておき、コルモン教室に入ったマルティは教室の仲間たちと同じようにロシア・バレエに熱狂する。1911年にかけての『コメディア・イリュストレ』には、マルティが発表したイラストのうち最も早い時期のものが掲載されているが、それはロシア・バレエに関するものである。ロシア・バレエは彼においても大きなインスピレーションの一つとなったのだ。

次いで、マルティはコルモン教室の仲間であるルパップのコネで『ガゼット・デュ・ボン・トン』の有力なイラストレーターとして活躍するようになる。

マルティのモード・イラストをルパップやマルタンと比較すると、構図の大胆さやムーブメントの強烈さには欠けるが、それを補って余りある魅力に溢れている。それは、「可憐さ」ということである。

とにかく、マルティが描く女性は、それが女の子であっても立派なマダムであっても「可憐」なのである。それは、男にとって、ある種の理想の実現ではあるのだが、しかし、どうも男が描いた女という感じがしない。また、女にとっても、ある種の理想の実現ではあるが、しかし女が描いた女かというと、それもまた違うような気がする。

一番適切なのは、子供が、それも性に目覚める前の子供が「美しい」と思って描いた憧れの女性のイメージであるということだ。いいかえると、少年あるいは少女の目を通して見た理想の女性のイメージに一番近いように思えるのだ。

だから、マルティのイラストは、たとえ題材がどれほどきわどいものであっても、エロティックなものからは限りなく遠い。しいていえば、エロス以前のエロス、アダムとイブが禁断の果実に触れる以前に遊び暮らしていた「聖書以前的」な、子供たちの楽園の世界ということになるだろうか？　バルビエのエレガンスからも、またルパップやマルタンのそれとも異なるマルティ独特のエレガンスは、そうした「エロスからの超越性」から来ているのである。

この点に関して、『六人の挿絵画家』でマルティを取り上げたピエール・モルナンは次のように述べている。

「マルティの繊細な作品は、今日では非常に稀になってしまったあの優美さ、魂を新鮮なものにするが、かといって心を干からびさせることはない優美さで照り輝いている。というのも、そこでもまた、卓越性が支配しているからだ。それは凡庸さとはいささかも妥協することのない危険なジャンルである。あれほどに称賛された18世紀の優美さはいまや厚化粧とポルノグラフィーの中に沈んでしまった。それもまた粗雑さの犠牲となったのだ。これに対し、マルティのエレガンスは、神聖で精神的だ。なぜなら、それは揺るぎない伝統に基づいているからだ。明晰な精神、確かな趣味、そして瑕瑾なきテクニックに裏打ちされた伝統にである」。

マルティのもうひとつの特徴は、これも「エロスからの超越性」と関係しているが、描かれた子供たちの可愛らしさである。マルティの描く子供たちほど可愛いものがこの世にあるだろうかといいたくなる。そのイメージは、母親の目を介して見つめられた子供であり、この意味では、マルティの視線は母親的、というよりも、聖母マリア的な慈愛に満ちている。ラファエルが現代に蘇ってアール・デコのイラストレーターとなったら、かくあらんといった感じか。

さらに強調しておきたいのは、ヴィニェット（小さなカット的なイラスト）を描いたときに際立つマル

ティの巧みさである。マルティは「小さいものの巨匠」であり、ヴィニェットにおいてその才能が全面的に開花するという特徴を持つ。

　こうした個性のゆえか、マルティはマドレーヌ・ヴィオネやジャンヌ・ランヴァンのような女性デザイナーのお気に入りとなり、またポワレやドゥイエなどの男性デザイナーも「女性性」を強調しようとするときにはマルティを指名した。とくに、子供服はマルティの専売で、デザイナー全員がマルティを指名したがった。

　といっても、マルティがクリエイティヴィティに欠けるイラストレーターだったというのではない。その反対である。というのも、マルティが描くファッション・プレートは描かれたファッションそのものよりも、それに身を包んでいる女性や子供たちの作り出す「物語性」の方にわれわれを誘うという特質があるからだ。それゆえ、マルティのファッション・プレートを一目見た人は、ドレスの優美さや女性の可憐さと同時に、「物語」に向かって動き出しそうな「状況」にも心ひかれて、それを強く記憶に留めるのである。

　こうしたマルティの「物語性」がよく出たファッション・プレートが『モード・エ・マニエール・ドージュルデュイ』の1919年版（実際の出版は1921年）である。マルティはテクストとして添えられたトリスタン・ベルナールの詩「12のパンセ」にヴィニェットを寄せると同時に、父親の除隊から始まる日常生活のひとこまを愛情をもって描いているが、このマルティの連作ファッション・プレートほどに、明るく楽しい1920年代の「幸福」を感じさせるものはない。

　そうしたマルティの「物語性のあるイラスト」がいかんなく力を発揮するのは、1920年代の後半になってからである。1920年代の前半にはバルビエやルパップと同様、舞台の仕事で忙しく時間が取れなかったマルティが、1920年代後半に入ると、彼自身に最も適した挿絵本の世界に入ってくるのだ。

　その最初の仕事は、ボンディ伯爵の『天国のコンスタンス』のための挿絵だが、最高の達成は、親しい友人のジェラール・ドゥーヴィルと組んだ2つの作品、『誘惑者』と『花の王冠』である。

　ジェラール・ドゥーヴィルは、本名マリー・ド・エレディア。高踏派の詩人ジョゼ=マリア・エレディアの次女で、黒髪と黒い瞳で、多くの詩人や小説家のミューズとなったことで知られる。

　アンリ・ド・レニエと結婚しながら、その友人であるピエール・ルイスの愛人となり、それ以後も華やかな恋愛生活で話題をまいた。愛人の中で有名な人を挙げると、批評家エドモン・ジャルー、作家でバルビエやルパップの友人のジャン=ルイ・ヴォードワイエ、イタリアの詩人ダヌンツィオなどがいる。ジェラール・ドゥーヴィルという男性名で多くの小説や詩を書いた点で、ジョルジュ・サンドを思わせるが、サンドがそうだったようにレスビアンの噂も絶えなかった。いずれにしろ、まぎれもない「女」でありながら、その精神は男だった女流作家である。

　マルティはジャン=ルイ・ヴォードワイエを介してマリー・ド・エレディアと知り合ったが、マリーはマルティの画風を愛し、コラボレーションを楽しんだ。優しく、可憐なマルティのイラストが「女」の中に男を含むジェラール・ドゥーヴィルとピタリと合ったのかもしれない。

　そうしたコラボレーションから生まれた最初にして最高の傑作が『誘惑者』である。これは、ジェラール・ドゥーヴィルが1914年に書いた中南米を舞台にした恋愛小説を「ラテン・アメリカ愛書家協会」という愛書家クラブが選択し、その挿絵をマルティに委託して会員数だけ135部制作した豪華挿絵本である。マルティは48葉の挿絵を描いたが、限定135部ということもあって、安いものが多いマルティの挿絵本の中では特別な高価な挿絵本の一つとなっている。複製技法はエングレーヴィングで、これにポショ

ワールで色を乗せるという珍しい方法が用いられているが、この「エングレーヴィング＋ポショワール」という技法が「小さいものの巨匠」であるマルティにぴったりと合っているのである。細部の細部まで神経が行き届いた希有な挿絵本ということで、いつまでも見飽きないアイテムの一つである。

このように、絶妙なコラボレーションを奏でた2人が、それでは、ともにオリジナルで挿絵本をつくりたいと考えるのはごく自然ななりゆきである。

こうして生まれたのが、1928年の『フローラの王冠』(ル・リーヴル書店)。これは、花言葉集の体裁で、ジェラール・ドゥーヴィルがそれぞれの花に因んだ詩を書き、それをあらかじめ読んだマルティが挿絵を描くというかたちで制作された独特の挿絵本であり、優美で可憐というマルティらしさが全開になった傑作である。250部限定ということもあり、マルティの挿絵本の中では、『誘惑者』に次いで高い値段がついている。

ところで、先述のように、1929年のウォール街大暴落に始まった世界不況が1930年にパリを襲うと、そのとたんに限定部数の少ない豪華挿絵本の制作は中断してしまうが、マルティも例外ではなく、その余波を直接に被った。その証拠に、1931年から6年間はほとんど挿絵本の仕事をしていない。

では、この時期にマルティが何をしていたかというと『イリュストラシオン』『フェミナ』『ヴォーグ』『ヴァニティ・フェアー』などの大部数の雑誌にイラストを提供して糊口の資を稼いでいたのである。仕事が早く、家庭的な題材を主題にすることができたマルティは他のイラストレーターよりも潰しがきいたのだろう。

だが、やはりマルティの好きだったのは挿絵本の仕事らしく、1937年にいたって出版事情が好転しはじめると、矢継ぎ早に挿絵本を上梓しはじめる。

このときには、バルビエとマルタンはすでになく、ルパップは絵の質が極端に低下していたので、「アール・デコ四天王」の中では、一人マルティが残って旺盛に仕事をこなしていたのである。

すなわち、主だったものだけを挙げても、ヴォルテール『カンディッド』(1937年)、ピエール・ルイス『ビリチスの歌』(1937年)、アルフォンス・ドーデ『風車小屋便り』(1937年)、ゴーティエ『七宝とカメオ』(1943年)、メーテルランク『青い鳥』(1945年)、ラマルティース『グラジエラ』(1948年)、フロベール『3つの物語』(1948年)、バルザック『ランジェ公爵夫人』(1950年)と毎年のように制作を続け、最後の挿絵本であるロンサールの三部作『エレーヌのためのソネット』『マリーの恋歌』『カッサンドルの恋歌』(1957年)まで、大戦を挟みながら、ほぼ20年にわたって中断することなく挿絵本を制作しつづけたのである。

しかも、特徴的なことは、まったく絵の質が落ちなかったことである。最初から最後まで、マルティはつねにハイ・クオリティのイラストを提供しつづけた。この点、30年代に入ると画質が落ちたルパップとは対照的である。

もちろん、1920年代のような少ない限定部数による豪華な挿絵本は減り、いずれも1000部を超える部数が刷られた大衆的挿絵本ではあるが、どれも複製技術のレベルも決して低くはない。この意味でもマルティは幸運なイラストレーターであったと言える。

ところで、不思議なことに、時期こそ違うが、ルパップもマルタンもマルティも同じように『ミュッセ全集』に挿絵を描いている。3人を比較すると、マルティのレベルが断ツに高い。

なお、マルティは絵本の分野にも進出し、『カリスト』(1943年)、『聖書物語』(1952年)を制作したが、いずれも版を重ねた傑作であり、前者はマルティ自身の手によってアニメ化されている。

1974年8月、長命に恵まれたマルティが他界した。享年92。アール・デコの黄金時代である1920年代はすでに遠い昔となっていたが、マルティは死の直前までイラストを描いていた。

彼のイラストは戦前・戦後を通じて一度も飽きられたことはなかったのである。

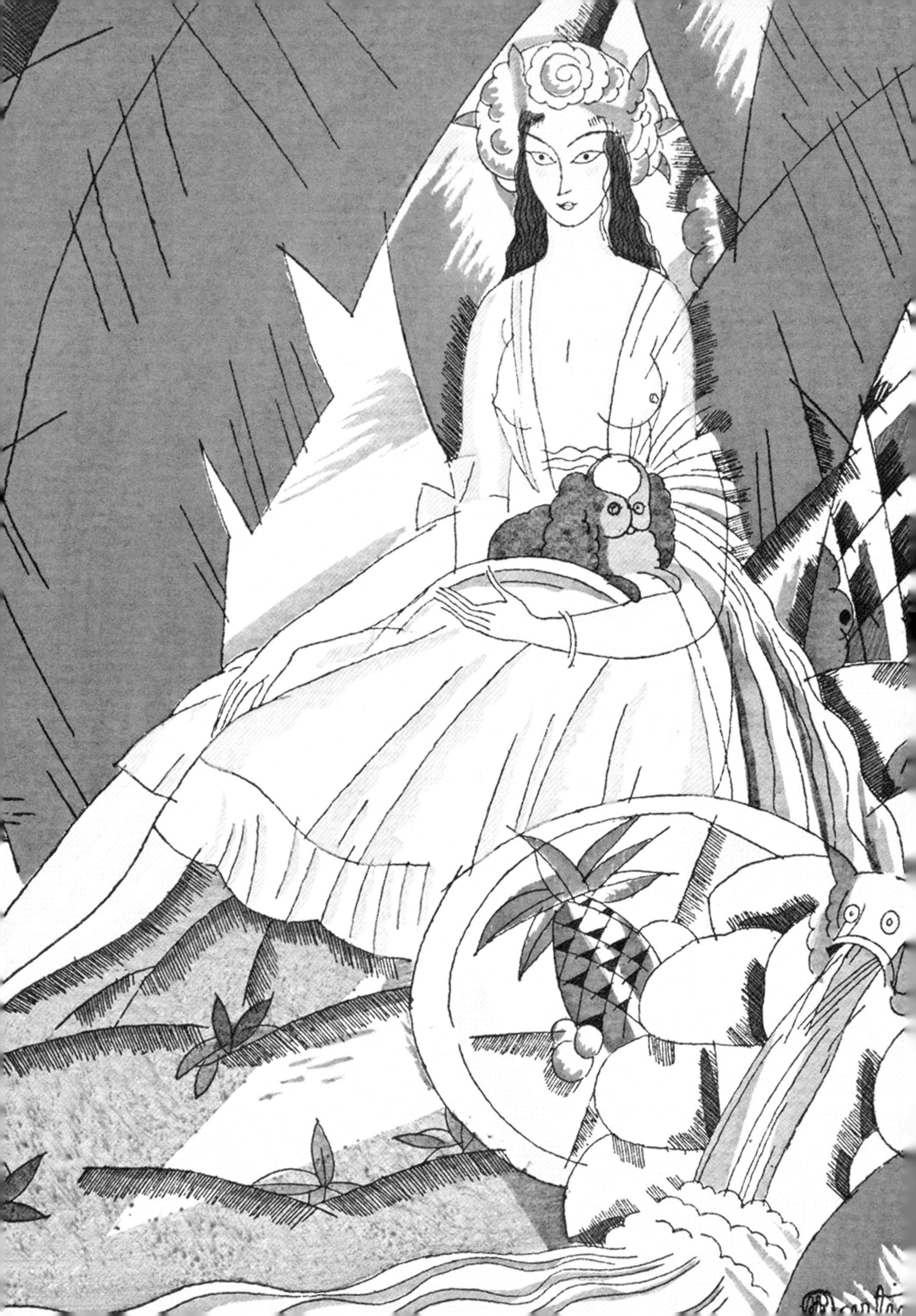

凡例

- 作品解説は鹿島茂・小野寛子が共同して行った。
- 本書に於いて、資料は作家別に編纂した。
- 同一資料の作品番号は同じにした。従って同一資料に複数の画家が描いている場合、同じ番号が再度現れることがある。例:『ジュルナル・デ・ダム・エ・デ・モード』、『アンクロワイヤーブル・エ・メルヴェイユーズ』
- ファッション・プレートと挿絵本は、原則として、タイトル／原題／出版年／著者名／出版元／発行地／編者名／イラストレーター／技法（刷師名）／図版点数／書誌データの順に掲載した。
- 原題は現代のフランス語表記と異同があるものがある。
- それぞれの章では原則として刊行年順に掲載しているが、編集の都合上、異動のある箇所がある。
- 各図版には番号を付した。ただし、表紙、扉、カバー、カット、挿図等では割愛した。なお枝番号は原書での図版掲載順とは異なっている場合がある。
- 20世紀イラストレーターの書誌データは、Luc Monod: Manuel de l'Amateur de Livres Illustrés Modernes に準じている（MONOD本と表記）。

19世紀のイラストレーター

HORACE VERNET

◆

LOUIS-MARIE LANTÉ

◆

GAVARNI

　ファッション画という狭い枠組みを突き抜けて、ファイン・アート中心の一般美術史への再考を迫るほどの達成と完成を見せたオラース・ヴェルネ、ランテ、ガヴァルニの3人を中心にして、モード・ジャーナリズムというものが19世紀という新たな時代を創造していく過程を眺めていく。すなわち、世紀の変わり目に登場して『ジュルナル・デ・ダム・エ・デ・モード』を創刊したラ・メザンジェール、およびそのライバルとして現れた『ラ・モード』のジラルダンという、2人の傑出した編集者が高級モード雑誌の編集をファッション・プレート中心に行おうとしたことで必然的に優れた才能が糾合され、各人の才能の総和以上の「なにか」が創り出されていく様を、ファッション・プレートという「場（トポス）」にフォーカスして観察するのが本展の目的である。

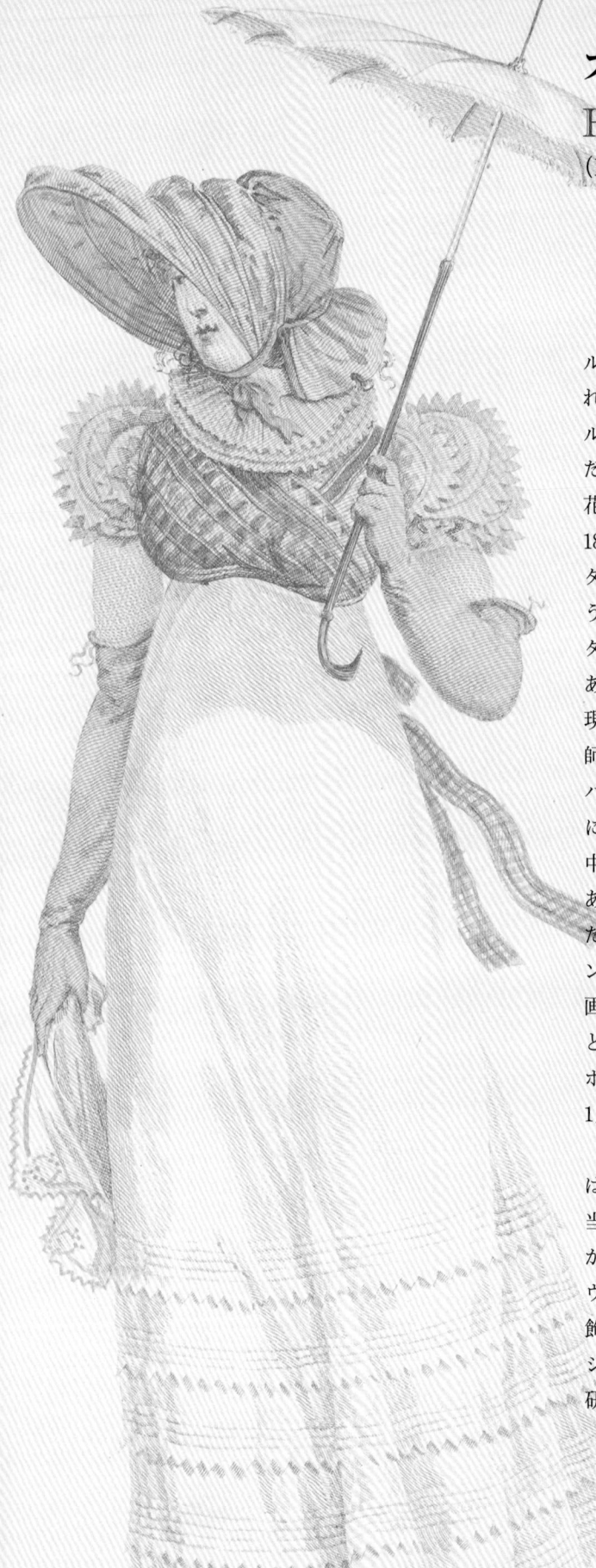

オラース・ヴェルネ
HORACE VERNET
(1789-1863)

　オラース・ヴェルネ(エミール・ジャン=オラース・ヴェルネ)はフランス革命直前の1789年6月30日にパリで生まれた。祖父のクロード=ジョゼフ・ヴェルネも、父のカルル・ヴェルネも有名な画家である。ナポレオンの従軍画家だった父から絵画の英才教育を施され、早熟な才能を開花させる。若い頃には風俗画を得意とした父の影響で、1810年頃から、ラ・メザンジェールの『ジュルナル・デ・ダム・エ・デ・モード』にモード・イラストを提供するようになり、帝政時代の人気ファッション・イラストレーターとなる。1810年から、若き日に父が手掛けたテーマである『アンクロワイヤーブル・エ・メルヴェイユーズ』の現代版を描くようラ・メザンジェールから勧められ、彫り師のガッティーヌの協力を得て、1810年から同名のアルバムに取り掛かる。アルバムが7、8年かけて完成したときにはすでにナポレオンの帝政は終わり、王政復古の世の中になっていた。父と同じく熱烈なナポレオン主義者であったオラースは王政復古期にはしばらく不遇をかこったが、七月王政下でルイ・フィリップ王が進めたナポレオンの神格化で完全復活。戦争画とオリエンタリスムの絵画で人気を博した。第二帝政期には父と同じく従軍画家となり、戦場のナポレオン3世を多く描いた。そのため、ボードレールから「絵を描く軍人」と揶揄された。1863年1月17日に、栄光の頂点でパリに没した。

　生前は位人臣を極めた画家だったが、印象派登場以後は保守的なアカデミーの画家と見なされ、再評価の光が当てられるようになったのはごく最近のことである。しかし、そんな機運の中でも、ファッション・プレートはヴェルネのアルバイト仕事と見なされていたせいか「服飾史」の内部でしか評価されていない。今後は、ファッション・プレート画家としての初期ヴェルネも美術史の研究対象となることだろう。

第1章　VERNET　ファッション・プレート

1　『ジュルナル・デ・ダム・エ・デ・モード』
Journal des Dames et des Modes

出版年：1797-1839年、編集：ラ・メザンジェール、挿絵：C・ヴェルネ、H・ヴェルネ、ドゥビュクール他、挿絵技法：エングレーヴィング・手彩色

◆『ジュルナル・デ・ダム・エ・デ・モード』は、1797年3月20日（共和暦5年風月30日）に創刊された女性向けモード雑誌。1789年のフランス革命による社会的混乱のため、出版事業は衰退していたが、1794年のテルミドール反動でジャコバン党の恐怖政治が終わりを告げ、総裁政府が成立すると、人々の関心もモードに向かうようになり、1797年以降、本誌をはじめとして、モード雑誌が相次いで創刊された。

　『ジュルナル・デ・ダム・エ・デ・モード』は、総裁政府時代の1797年から七月王政の1839年までの長期にわたり刊行されたため、政治、ファッション、流行の趣味などの変遷を知るための貴重な資料となっている。創刊者は、大革命の勃発でコレージュ・ド・シャルトルの修辞学教師を解任されて出版業に転じたセレック、およびマダム・クレマンだが、雑誌編集のノウハウを知らなかったので、ラ・フレッシュのコレージュ教師の職を失って失業中の修道士ピエール・ド・ラ・メザンジェールを編集部員として雇い入れた。ラ・メザンジェールは1799年から編集長となり、数々の工夫を凝らして、経営を軌道に乗せた。ラ・メザンジェール自身は社交的な人間ではなかったが、クチュリエのアトリエや上流のサロンにまで日常的に出入りして情報を集める一方、イラストレーターや彫り師や刷り師の才能を発掘してファッション・プレートを充実させた結果、同誌は、他の追随を許さない人気雑誌となる。以後、ラ・メザンジェールは雑誌のほかに、多くの豪華なアルバムなどを手掛け、ことごとく成功を収める。1801年にセレックが死去すると、社主兼編集長となり、名実ともに「ラ・メザンジェール帝国」の君主となった。

　本誌は、毎号8頁で構成され、小ぶりの手彩色のファッション・プレートが1、2点付けられていた。この形式は41年間続き、ファッション・プレートは合計3624点にのぼる。女性誌のため、女性のファッションがほとんどであるが、男性や子供のファッションもときに含まれている。個々のプレートの上部には「パリの衣装（Costume Parisien）」の文字が書かれているので、バラになっても同定は可能である。また刊行年及び創刊以来のプレートの通し番号が記載されているため、その時代の衣装や風俗を知るのに便利。

　画家の署名がない場合が多く、同定は難しいが、初期の版画の原画はドゥビュクールやカルル・ヴェルネ、ペシュー、ラブルース、ガルビッザなどが手掛けている。カルル・ヴェルネの息子であるオラース・ヴェルネが描いている版画は、HとVを組み合わせた署名があるので同定は可能。1813年から17年頃が多い。1817年から25年頃は、ランテが多く描いている。ランテは署名のあるものとないものがある。版刻師には、バクォワ、ガッティーヌ、ナルジョ、デルヴォーらの名が挙げられる。版画は、総裁政府時代から執政府時代のドゥビュクール（推定）、帝政期のオラース・ヴェルネ、王政復古期のランテが質が高く人気もあり、よって入手も困難。

　しかし、1821年に『プティ・クーリエ・デ・ダム・ウ・ヌヴォー・ジュルナル・デ・モード』（-1865）が創刊されてライバル誌となり、次いで、1829年にエミール・ド・ジラルダンによって『ラ・モード』（-1854）が創刊されると、都市部の読者は『ラ・モード』に流れた。1831年2月にラ・メザンジェールが没すると、予約購読者の減少は止まるところを知らず、1837年には『ラ・ガゼット・デ・サロン』と誌名を変えて立て直しを図ったが、叶わず、1839年1月についに終刊を迎える。

　すでに、20世紀の初頭には稀覯本となり、アナトール・フランスも全巻セットの入手はきわめて困難と述べている。全巻揃いを所蔵するところは、フランスの図書館でも極めて稀である。ちなみに、1799年にフランクフルトで刊行された同誌のドイツ語版は1848年まで継続刊行された。

　鹿島茂コレクションには、号は非連続ではあるものの、1808年、1812年、1813年、1820年、1821年、1825年に刊行された貴重な計133巻が、4冊に製本された状態で収められている。すなわち、1808年67号［計1巻］、1812年1〜72号［計72巻］、1813年13号／25〜29号／42号／61〜72号［計19巻］、1820年6〜27号［計22巻］、1821年30〜48号［計19巻］、1825年1号［計1巻］である。

1-1
パリの衣装：ビロードの帽子と編み上げ靴。メリノのルダンゴット（ウエストをしぼったやや裾広がりの婦人用コート）　1813年（1360）
Costume Parisien. Chapeau et brodequins de velours. Redingote de mérinos.

パリの衣装：ナポリ産絹織物のトック帽（つばなしの小型の婦人帽）。縁取りで飾られた（スカート）の裾飾り　1813年（1351）
Costume Parisien. Toque de gros de Naples. Falbala orné de liserés.

1813. *Costume Parisien.* (1352.)

Bonnet paré en tulle. Robe de mérinos.

1-3
パリの衣装：チュールでできた飾り付きの縁なし帽。メリノのドレス　1813年 (1352)
Costume Parisien. Bonnet paré en tulle. Robe de mérinos.

1813. Costume Parisien. (1355.)

Chapeau de Velours épinglé. Redingote de Mérinos.

1-4
パリの衣装：輪奈織りの畝のあるビロードの帽子。メリノのルダンゴット　1813年 (1355)
Costume Parisien. Chapeau de velours épinglé. Redingote de mérinos.

1813. *Costume Parisien.*

(1356.)

Chapeau à la Jockei. Robe et par-dessus Garnis de Ruches.

1-5
パリの衣装：ジョッキー風の帽子。ひだ飾りのついたドレスと重ね上着　1813年 (1356)
Costume Parisien. Chapeau à la jockei. Robe et par-dessus garnis de ruches.

1813. *Costume Parisien.*

(1364.)

Fichu de Velours. Redingote de Mérinos.

1-6 パリの衣装：ビロードのフィシュ（三角形の肩掛け）。メリノのルダンゴット　1813年 (1364)
Costume Parisien. Fichu de velours. Redingote de mérinos.

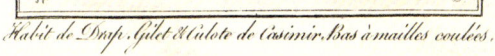

1-7
パリの衣装：ラシャ地の燕尾服。カシミアのジレ（ベスト）とキュロット。編み飮のあるのニットの靴下　1813年（1359）

Costume Parisien. Habit de drap. Gilet & culote de casimir. Bas à mailles coulées.

1-8
パリの衣装：ビロードの襟のついたラシャ地のフロックコート
1813年（1362）

Costume Parisien. Redingote de drap à collet de velours.

ヴェルネ以外   画家の署名のないヴェルネ、ランテ（78～80ページ）以外の作品を掲載する。

1-9
パリの衣装：ナポリ産絹織物の帽子。パーケール（目の細かい平織り綿布）のドレスとパンタロン　1813年（1313）
Costume Parisien. Chapeau de gros de Naples. Robe et pantalon de perkale.

1-10
パリの衣装：ナポリ産絹織物の帽子　1813年（1310）
Costume Parisien. Chapeaux de gros de Naples.

1-11
パリの衣装：ラシャ地の燕尾服。キルティングのジレ。ナンキン木綿のパンタロン　1813年（1314）
Costume Parisien. Habit de drap. Gilet de piqué. Pantalon de Nankin.

1-12
パリの衣装：ラシャ地の燕尾服。カシミアのキュロット　1813年（1303）
Costume Parisien. Habit de drap. Culote de casimir.

2 『アンクロワイヤーブル・エ・メルヴェイユーズ』
Incroyables et Merveilleuses

出版年：1810-18年、出版元：ラ・メザンジェール、挿絵：H・ヴェルネ、(一部) L=M・ランテ、挿絵技法：エングレーヴィング（ガッティーヌ）・手彩色

2-3
フランソワ1世風の髪。小舟形の帽子。音をたてる小さな飾り (No.3)
Chevelure à la François 1er. Chapeau en barque. Charivari de breloques.

2-4
アジア風の髪形。リボン状ストライプの舞踏会ドレス (No.4)
Coeffure asiatique. Robe de bal rayée en rubans.

◆『ジュルナル・デ・ダム・エ・デ・モード』の名編集長として知られるピエール・ド・ラ・メザンジェールがオラース・ヴェルネの魅力を最大限に引き出すために1810年から1818年にかけて制作・配本したアルバム（版画集）。『アンクロワイヤーブル・エ・メルヴェイユーズ』の主題は画家であった父のカルル・ヴェルネが得意とした主題で、テルミドール反動のあとに登場して、チュイリリー庭園やフラスカッティの庭園を闊歩した王党派のファッショナブルな若い男女、すなわち、アンクロワイヤーブル（信じがたい格好の伊達男たち）とメルヴェイユーズ（目が覚めるほどお洒落な女たち）を風刺的に描いていたが、ラ・メザンジェールは、この記憶を呼び起こし、息子のオラース・ヴェルネに帝政時代版のアンクロワイヤーブルとメルヴェイユーズを描かせた。

アルバムは最初、アンクロワイヤーブルの版画とメルヴェイユーズの版画が交互に配本されたが、途中からメルヴェイユーズが多くなった。彼らのエレガントな単身像、及び群像が描かれたプレート33葉が収められている。31葉がオラース・ヴェルネ、最後の2葉がランテである。描かれた男女はおそらく、総裁政府時代から帝政期にかけての社会の上層にのし上がった成功者の子どもたちで、帝政期のファッションを色遣いとともに知ることができる。いかにもオラース・ヴェルネらしい正確で繊細な筆遣いで表現されたアンクロワイヤーブルとメルヴェイユーズは、モード画というジャンルの枠を超え、公式の美術史に再考を迫る。

1991年に、ベリー公爵夫人旧蔵の『アンクロワイヤーブル・エ・メルヴェイユーズ』の原画であるヴェルネの水彩25葉がロンドンのオークションに掛けられたが、その際に作られたカタログ『オラース・ヴェルネ1789-1863　アンクロワイヤーブル・エ・メルヴェイユーズ』を見ると、左右反転はあるものの、版刻がいかに正確に行われていたかが理解できる。

ちなみに、版画の原画はNo.1-31がヴェルネ、No.32-33の2葉はランテ。版刻はすべてジョルジュ＝ジャック・ガッティーヌ（1773-1824）が担当している。ガッティーヌによる版刻は正確無比で、オリジナルな要素は人物が立っている大地や床のみである。約35cmの大判版画であることもあり、フランスにおけるモード版画の中でも頂点の一つに数えられる。1810年にはじめの4点が刊行され、1811年（7点）、1812年（3点）、1813年（4点）、1814年（4点）、1815年（5点）、1816年（3点）、1817年（1点）という順で続けて刊行され、1818年に最後の2点が刊行された。そのため第一帝政時代、最盛期から王政復古期までの、流行のファッションの変遷がこのシリーズに集約されている。オリジナルの完全揃いは極めて稀である。

1955年にパリ国立図書館所蔵本から24葉の版画を選んだ復刻版が出版され、多く流通している。

鹿島茂コレクションに所蔵されている革装丁本には、ヴェルネによるNo.1-31、ランテによるNo.32-33の2葉が完全収録されており、モスコーヴァ大公（ナポレオン麾下の猛将ネイ元帥がロシア遠征の手柄で与えられた称号）家所有であったことを示すエクス・リブリス（蔵書票）と、20世紀最高のコレクターと呼ばれたシックルズ大佐の所有であるエクス・リブリスが張られている。

Paris.   Incroyable.   N.º 1.

Chapeau en Bateau. Habit Couleur Crotin. Culotte de Peau.

2-1
舟形の帽子。黄土色の燕尾服。皮のキュロット　(No.1)
Chapeau en bateau. Habit couleur crotin. Culotte de peau.

Paris. Incroyable. N°5.

Chapeau à la Robinson. Cheveux à l'Enfant. Pantalon de Tricot. Bottes à la hussarde.

2-5
ロビンソン・クルーソー風の帽子。子供のような髪形。ニットのパンタロン。軽騎兵風のロングブーツ　（No.5）
Chapeau à la Robinson. Cheveux à l'enfant. Pantalon de tricot. Bottes à la hussarde.

2-6
レヴァンティン（レヴァント産4枚綜絖綾織り）の帽子。ビロードのカンズー（ショートジャケット）。パーケールのドレス （No.6）
Chapeau de lévantine. Canezou de velours. Robe de perkale.

2-7
スウェーデン王カール12世風の髪。淡褐色のキュロット、色付きニットの靴下 （No.7）
Chevelure à la Charles 12. Culotte noisette, bas à mailles coulées.

2-8
籠状の麦わら帽子。パーケールのドレス。男性用スリエ（短靴） （No.8）
Chapeau de paille, en corbeille. Robe de perkale. Souliers d'homme.

2-9
野兎の耳に似たネクタイ。ヤナギ緑の燕尾服。カシミアのキュロット （No.9）
Cravate à oreilles de lièvre. Habit vert saule. Culotte de casimir.

Paris.   Merveilleuse!   N°. 12.

Pelisse doublée d'Hermine. Costume de Bal.

2-12
白てんの毛皮の裏地つきコート。舞踏会の衣装 （No.12）
Pelisse doublée d'hermine. Costume de bal.

Paris. Merveilleuse. N.° 13.

Chapeau de Paille d'Italie. Echarpe Ecossaise. Broderies à Roues.

2-13
イタリア麦わら帽。タータンチェックの肩掛け。車輪模様の刺繍　(No.13)
Chapeau de paille d'Italie. Echarpe écossaise. Broderies à roues.

Paris. *Incroyable.* N.º 14.

Culotte & guêtres de Peau couleur de Cuir. Canne à Parapluie.

2-14
革色をした皮のキュロットとゲートル。雨傘ステッキ （No.14）
Culotte & guêtres de peau couleur de cuir. Canne à parapluie.

2-10
平ら小縁の帽子。色枠のついたネクタイ。キルティングのジレ。低ウエストの角張った旅行服。かかとに鉄具をつけたロングブーツ　(No.10)
Chapeau à petit bord plat. Cravate à encadrement de couleur. Gilet de piqué matelassé. Habit court à taille basse et quarrée. Bottes à ealons ferrés.

2-11
ビロードの帽子。アストラカンの裏地のついたメリノのルダンゴット　(No.11)
Chapeau de velours. Redingote de mérinos, doublée d'astracan.

2-15
レヴァンティンのコルネット（修道女の角頭巾）。レース飾り付きドミノ仮装衣　(No.15)
Cornette de Lévantine. Domino garni de dentelle.

2-19
中国風の髪型。キクジシャ状飾りをつけたドレス　(No.19)
Coeffure chinoise. Robe garnie en chicorée.

2-16
イタリア麦わら帽。中国風の重ね上着　（No.16）
Chapeau de paille d'Italie. Par-dessus à la chinoise.

Paris. Merveilleuse. N.º 17.

Capote de Perkale surmontée d'un fichu de Gaze. Robe de Perkale.

薄布のフィシュを上に乗せたパーケールのキャポット。パーケールのドレス　(No.17)
Capote de perkale surmontée d'un fichu de gaze. Robe de perkale.

Paris   *Merveilleuse.*   N.° 18.

Chapeau de paille garni de crêpe. Robe de Perkale garnie de Mousseline.

Chapeau de paille garni de crêpe. Robe de perkale garnie de mousseline.

Paris. Merveilleuses. N°. 20.

Toque de velours. Witz-choura de satin.

2-20
ビロードのトック帽。サテンのヴィッツシューラ（毛皮の縁つきポーランド風マント）（No.20）
Toque de velours. Witz-choura de satin.

Paris. *Merveilleuse.* N.º 22.

Robe à la Vierge en étoffe écossaise.

2-22
タータンチェック地のヴィエルジュ（未婚のまま神に仕える修道女）風ドレス　(No.22)
Robe à la Vierge en étoffe écossaise.

Paris. Merveilleuse. N.º 28.

Chapeau à l'Anglaise. Robe à la Ninon.

2-28
イギリス風の帽子。ニノン・ド・ランクロ風ドレス （No.28）
Chapeau à l'anglaise. Robe à la Ninon.

Paris. *Merveilleuse.* N.º 30.

Une Mariée.

2-30
ウェディング・ドレス （No.30）
Une mariée.

2-21
イギリス風の帽子。イギリス風のスペンサー（体にフィットしたジャケット）　(No.21)
Chapeau à l'anglaise. Spencer à l'anglaise.

2-23
ヒナゲシで飾られた麦わら帽。シャーリング（縫い目でギャザーを寄せた）飾りのドレス　(No.23)
Chapeau de paille, orné de coquelicots. Robe garnie de bouillonnés.

2-24
ビロードの帽子。チュールのコルネット。ビロードのドレス　(No.24)
Chapeau de velours. Cornette de tulle. Robe de velours.

2-25
麦わら帽。透かし布のスカートの上にモスリンのドレス　(No.25)
Chapeau de paille. Robe de mousseline sur un transparent.

2-26
イギリスの軍服　(No.26)
Uniformes anglais.

2-27
ロシアの軍服　(No.27)
Uniformes russes.

2-29
ポーランド風トック帽。厚手ビロードのドレス　(No.29)
Toque Polonaise. Robe de velours plein.

2-31
観劇の装い　(No.31)
Toilette de spectacle.

ルイ＝マリ・ランテ
LOUIS-MARIE LANTÉ
（1789- ？）

　生年が判明しているだけで、没年は不明。この事実からも明らかなように、ランテに関しては、ラ・メザンジェール編纂の『ジュルナル・デ・ダム・エ・デ・モード』にファッション・イラストを提供したこと、及び、同じくラ・メザンジェールの企画により彫り師のガッティーヌとのコンビでいくつかのファッション・アルバムを制作したこと以外に詳細は知られていない。

　ラ・メザンジェールの『ジュルナル・デ・ダム・エ・デ・モード』に最初にファッション・イラストを提供したのは1817年のこと（一説に1814年）。ラ・メザンジェールが編集方針を大きく転換し、王政復古下の貴族たちをターゲットにしたのを機に同誌を去ったオラース・ヴェルネに替わり、王政復古下で毎号のようにファッション・プレートを描き続けた。旧弊な大貴族の趣味を反映して少し堅苦しくなったモードにランテのテイストはぴたりと適合したのである。

　ランテ人気が高まってきたのを見たラ・メザンジェールは、1824年頃の『パリの女性の服装：パリの働く女たち』を皮切りに、『才能、地位、美貌により有名となった女性たちのフランス・ギャラリー』(1827年)、『コー地方、および古ノルマンディー地方のいくつかの郡の女性の衣装』(1827年)、『ハンブルク、ティロル、オランダ、スイス、フランケン、スペイン、ナポリ王国等の女性の衣装』(1827年)、『上流階級と中流階級』(1828年頃)と矢継ぎ早にファッション・アルバムを制作して配本した。これは、当時、ロマン主義の影響で、人々の視線が地方や外国、あるいは中世やルネッサンスなどの「遠方」へと向かっていたことをラ・メザンジェールが巧みに掬いとった企画だったが、それは、風景画家としてスタートし、サロンにも地方風俗を描いた水彩画を出品していたランテにとっても好ましい試みであり、自ら進んでノルマンディー地方を旅してスケッチにいそしんだ。

　1831年にラ・メザンジェールが死去した後、『ジュルナル・デ・ダム・エ・デ・モード』の編集方針が転換したことから、ランテは同誌を離れ、ライバル誌の『ラ・モード』のイラストレーターとなる。『ラ・モード』の創刊者エミール・ド・ジラルダンが経営権を正統王朝派に売り渡した後、ガヴァルニが同誌を去ったためである。ランテの登場は1832年からだが、もはやかつてのような冴えは見られなかった。その後のランテの行方は杳として知られていない。

第2章 LANTÉ ファッション・プレート
2『アンクロワイヤーブル・エ・メルヴェイユーズ』
Incroyables et Merveilleuses

＊前出のため、書誌データ割愛（以下同様）

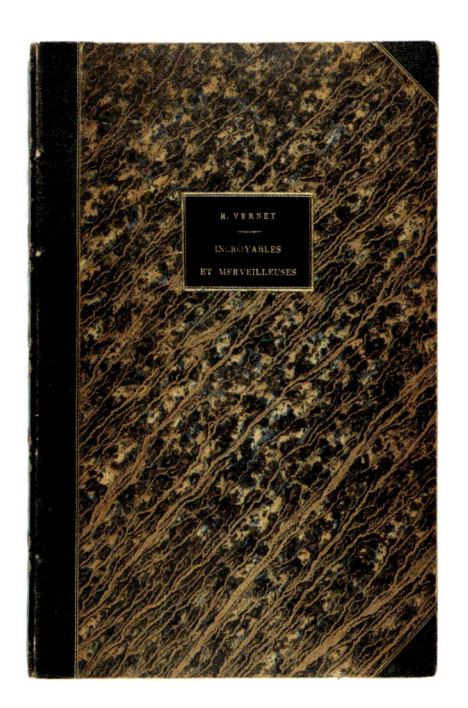

◆詳細についてはオラース・ヴェルネの項59ページ参照。ランテは最後のNo.32とNo.33の2葉を担当している。発行年はいずれも1818年。ランテがラ・メザンジェールと仕事を始めたのは前年の1817年と推定されるから、ランテが『アンクロワイヤーブル・エ・メルヴェイユーズ』の掉尾を飾っていることはラ・メザンジェールの期待がそれだけ大きかったことを物語っている。

2-33
ギョーム氏考案の髪飾り。ブオー夫人考案のドレス（No.33）
Coeffure de l'invention de Mr Guillaume. Robe de l'invention de Mme Bouhot.

2-32
舞踏会の衣装 （No.32）
Costume de bal.

1 『ジュルナル・デ・ダム・エ・デ・モード』
Journal des Dames et des Modes

◆詳細についてはオラース・ヴェルネの項51ページ参照。ランテは1817年（一説に1814年）に初登場して以来、オラース・ヴェルネに替わるエースとして毎号のように登場したが、なぜか、署名がない。よって、ここにはスタイルから見てランテだろうと思われるものだけを掲げておく。

1-13
パリの衣装：ラシャ地の燕尾服。キルティングのジレ（ベスト）。中国風のクレープがついた小さなスカーフ。カシミアのパンタロン。透かし模様のついた絹の靴下　1820年（1881）
Costume Parisien. Habit de drap. Gilet et piqué. Petit schall en crêpe de la Chine. Pantalon de casimir. Bas de soie à jour.

1-14
パリの衣装：アルバン氏考案のスパンコールをちりばめたビロードの薄布で飾られた髪飾り。裾飾り付きチュールのドレス。貝殻型のクレープで飾られたアントル・ドゥ刺繍　1820年（1872）
Costume Parisien. Coeffure ornée de gaze-velours pailletée, par M.ʳ Albin. Robe de tulle à volans et entre deux ornés de coquilles de crêpe.

1-15
パリの衣装：麦わら帽子。ラシャ地の燕尾服。絹布のX形十字　1821年（1994）
Costume Parisien. Chapeau de paille. Habit de drap. Sautoir de soie.

1-16
パリの衣装：ナポリ産絹織物の帽子。輪奈織りの畝のあるビロードのスペンサー（体にフィットしたジャケット）。パーケール（目の細かい平織り綿布）のドレス。モスリンで飾られたパーケールの前掛け　1820年（1885）

Costume Parisien. Chapeau de gros de Naples. Spencer de velours épinglé. Robe de perkale. Tablier de perkale, garni en mousseline.

1-17
パリの衣装：サテンの帽子、カールされた羽根飾り付き。サテンの肩飾りのついたカシミアのスペンサー。レヴァンティン（レヴァント産4枚綜絖綾織り）のドレス、ロール飾り付き　1820年（1882）

Costume Parisien. Chapeau de satin, garni de têtes de plumes frisées. Spencer de casimir avec épaulettes de satin. Robe de lévantine, garnie de rouleaux pareils.

1-18
パリの衣装：金色のボタンのついたラシャ地の燕尾服。織畝のついたネクタイ。山羊の毛皮のジレ。上と下にギャザーのついた厚織リンネルのパンタロン　1821年（1987）

Costume Parisien. Habit de drap à boutons dorés. Cravate à côtes. Gilet de poil de chèvre. Pantalon de coutil froncé en haut et en bas.

1-19
パリの衣装：イポリット・ジューヌ氏制作のクレープのターバン。パールと銀の房飾りが飾りつけられた厚手ビロードのドレス　1820年（1877）

Costume Parisien. Turban de crêpe, exécuté par M⁺ Hyppolite Jeune. Robe de velours plein, garnie de perles et franges d'argent.

79

1-20
パリの衣装：麦わらのホックによってとめられた薄布のイタリア麦わら帽。モスリンのタックとフリルで飾られたパーケールのドレス　1824年（1990）

Costume Parisien. Chapeau de paille d'Italie, orné d'un ruban de gaze attaché par une agrafe de paille. Robe de perkale ornée de remplis et de volans de mousseline.

1-21
パリの衣装：レオンティーヌ風の髪型。ケープつき麻布のドレス。チュールのタックとテープの飾り付き。パーケールのパンタロン。生機織のゲートルと短靴　1821年（2001）

Costume Parisien. Coeffure à la Léontine. Robe de toile, à pélerine, garnie de remplis et d'une petite bande de tulle. Pantalon de perkale. Guêtres et souliers écrus.

1-22
パリの衣装：糸束飾りの麦わら帽。金属ボタンが3列に並んだショール状襟付きのフロックコート。カシミアのパンタロン　1821年（1985）

Costume Parisien. Chapeau de paille cousue. Redingote à collet en schall, avec trois rangs de boutons de métal. Pantalon de casimir.

1-23
パリの衣装：雄鶏の羽の束で飾った厚手ビロードの帽子。メリノのドレス：ボタンのついた垂れ蓋の飾り付きコルサージュ（身ごろ）とサテンのテープのついたストッキング　1821年（2026）

Costume Parisien. Chapeau de velours plein, orné d'un bouquet de plumes de coq. Robe de mérinos: Le corsage garni de pattes boutonnées et le bas de bandes de satin.

3 『パリの女性の服装:パリの働く女たち』
Costumes Parisiens: Les Ouvrières de Paris

出版年:1824年頃、出版元:記載なし、挿絵:L=M・ランテ、挿絵技法:エングレーヴィング(ガッティーヌ)・手彩色

◆おそらくは、ラ・メザンジェールがランテの水彩を『アンクロワイヤーブル・エ・メルヴェイユーズ』を手掛けた彫刻家のガッティーヌに鋼版で彫らせたファッション・アルバム。記されてはいないが、編集はラ・メザンジェール。パリの上流階級を生きる優雅な女性ではなく、「女中」「歌唱学校の女子生徒」「小間物売り」「髷編みの職人」などのパリで働く女性の服装47葉が描かれている。服装の色調に茶系や黒系の暗い色調が多いのは、当時は、布地の染色にコストがかかり、派手な色の布地は高額で、民衆階級の「働く女」には手がでなかったためである。

ところで、ランテはなぜ働くパリジェンヌを描いたのだろうか? フェルメールや後の印象派とは異なり、目的は写実でも印象の定着でもない。もちろん、アルバムは高価だったので、描かれたような「働く女」たちが購入することはありえなかった。

では、アルバム制作の意図はどこにあったかというと、それは当時のカーニヴァルの仮装舞踏会と関係がある。カーニヴァルの舞踏会というのは、一日だけ階級が無化される一種の「無礼講」で、上流の女たちは下層階級の女たちの格好を取り入れたユニークなファッションに身を包み、オペラ座で一晩踊り明かす風習があったので、奇抜なデザインを仕立て屋に作らせるのに、「働く女」たちの服装を参考にしたのである。

アルバムの出版年ははっきりしないが、アンリ・マルレの『タブロー・ド・パリ』に描かれた風俗とよく似ているので、1824年頃に制作されたものと思われる。ランテとラ・メザンジェールが組んだアルバムの中では、もっとも入手困難なもののひとつ。

鹿島茂コレクションには47葉のうち、6葉がバラで収蔵されている。

3-1
パリ、ボックス席の案内嬢 (30)
Paris. Ouvreuse de Loge.

3-2
パリ、女中 (12)
Paris. Bonne.

3-3
パリ、小間使い (5)
Paris. Femme de Chambre.

3-4
パリ、歌唱学校の女子生徒 (19)
Paris. Elève d'une École de Chant.

Paris. Tresseuse de Cheveux.

3-5
パリ、髷編みの女職人　(37)
Paris. Tresseuse de Cheveux.

Paris. Mercière ambulante.

3-6
パリ、小間物行商人 (13)
Paris. Mercière Ambulante.

4 『コー地方、および古ノルマンディー地方のいくつかの郡の女性の衣装』

Costumes des Femmes du Pays de Caux, et de Plusieurs Autres Parties de l'Ancienne Province de Normandie

出版年：1827年、出版元：記載はないが「モンマルトル大通り一番地」という住所からラ・メザンジェールが出版者であることがわかる、挿絵：L=M・ランテ／(一部)ペシュー、挿絵技法：エングレーヴィング(ガッティーヌ)・手彩色

◆『パリの女性の服装』と同じ、ランテとガッティーヌのコンビによって制作された105点の版画で構成されたアルバム(版画集)。版画の下絵のほとんどはランテによるが、数点の下絵をペシューという画家が手掛けている。105点の版画すべてにランテの下絵を付した超豪華な革装丁本(モスコーヴァ大公のエクス・リブリスのあるもの)がフランス国立図書館に所蔵されている。

コー地方とは、現在のオート・ノルマンディー県の英仏海峡とセーヌ河下流とに挟まれた地域のこと。ランテは1819年にノルマンディー地方を実際に旅行して、水彩のスケッチをしたというから、このときの水彩画が原画として役立てられているのだろう。この地方の女性の伝統的衣装は特異な形態の被り物で知られているが、その源泉を辿ると、10世紀にこの地に定住したヴァイキングと関係があるのかもしれない。19世紀のフランスでは、この地方や隣接のピカルディー地方から乳母や女中が大量にリクルートされてパリに上ったが、そのとき被り物を外さなかったのでその特異な装束が広く知られるようになった。後ろ向きの絵が多いのは、被り物を見せる工夫だろうか？

ちなみに、オラース・ヴェルネもこの時期、フランスの地方固有の女性衣装を描いた版画集を出版している。先行研究によると、1820年代末にこのようなタイプの地方衣装をまとめた版画集が複数出版された背景には、この頃、規範ではなく逸脱を求めるロマン主義の影響で地方風俗への注目が集まったためと指摘されている。

鹿島茂コレクションには105葉のうち15葉がバラで、また20世紀の後刷と思われる1葉が収蔵されている。

4-1
コー地方のサン・ヴァレリーの衣装 (No.59)
Costume de Saint Valery en Caux.

4-2
クタンスの衣装 (No.27)
Costume de Coutances.

N.º 17.

Costume de Rouen.

4-3
ルーアンの衣装 （No.17）
Costume de Rouen.

N.º 85.

Costume d'Avranches.

4-4
アヴランシュの衣装 (No.85)
Costume d'Avranches.

N.º 73.

Femme du Polet, à Dieppe, en habit de fête.

5 『ハンブルク、ティロル、オランダ、スイス、フランケン、スペイン、ナポリ王国等の女性の衣装』
Costumes des Femmes de Hambourg, du Tyrol, de la Holande, de la Suisse, de la Franconie, de l'Espagne, du Royaume de Naples, etc.

出版年：1827年、出版元：記載はないが「モンマルトル大通り一番地」という住所からラ・メザンジェールが出版者であることがわかる、挿絵：大部分はL=M・ランテ、一部がオラース・ヴェルネ、挿絵技法：エングレーヴィング（ガッティーヌ）・手彩色・写真製版

◆前記の『コー地方、および古ノルマンディー地方のいくつかの郡の女性の衣装』が好評だったことから、ラ・メザンジェールは、範囲をヨーロッパ全域に拡大して、ランテに同趣向の女性風俗を描かせた。全部で100葉。不思議なことに、フランスの女性と比べて、どの国の女性もふくよかに描かれている。

鹿島茂コレクションには100葉のうち5葉がバラで、また20世紀の後刷りであると思われる7葉がバラで収蔵されている。

5-2
（スイス）ソルール州の娘 （No.22）
Jeune Fille du Canton de Soleure.

5-3
（スイス）ソルール州の娘 （No.21）
Jeune Fille du Canton de Soleure.

5-1
（スイス）ベルヌ（ベルン）の牛乳売りの女 （No.14）
Laitière de Berne.

5-4
（スイス）バーデン近郊にあるアルゴヴィア州の若い女性 （No. 28）
Jeune Femme du Canton d'Argovie, dans les Environs de Baden.

5-5
スイス、ウーリ州の娘 （No.41）
Jeune Fille du Canton d'Uri, en Suisse.

5-6
スイス、ウンターヴァルデン州の娘 （No.37）
Jeune Fille du Canton d'Unterwalden, en Suisse.

5-7
スイス、シュルゴヴィア州の娘 （No.39）
Jeune Fille du Canton de Shurgovie, en Suisse.

6 『上流階級と中流階級』
Haute et Moyenne Classes

出版年：1828年頃、出版元：記載はないがラ・メザンジェール編集と思われる、挿絵：L=M・ランテ、挿絵技法：エングレーヴィング（ガッティーヌ）・手彩色

◆『パリの女性の服装』『コー地方、および古ノルマンディー地方のいくつかの郡の女性の衣装』『ハンブルク、ティロル、オランダ、スイス、フランケン、スペイン、ナポリ王国等の女性の衣装』に続いて、ランテとガッティーヌのコンビによって制作された、14葉のプレートからなるファッション・アルバムである。第一帝政期の上流階級と中流階級の貴婦人の服装を描いたものと思われる。14葉のうち、No.1-No.4の4葉には「上流階級と中流階級」、No.5-No.14の10葉には「上流階級」というキャプションが入っている。ほとんどはガッティーヌの彫りと刷りによるものだが、No.10のみはA.D.というイニシャルが入っている。

鹿島茂コレクションには、シックルズ大佐とモスコーヴァ大公のエクス・リブリス（蔵書票）が張り付けてある14葉完全揃いの革装丁本が収蔵されている。

6-2
上流階級と中流階級：パリ、ブロケード織布のターバン。チンチラの毛皮がついたベルベットのルダンゴット（ウエストをしぼったやや裾広がりの婦人用コート）（No.2）
Haute et Moyenne Classes. Paris. Turban d'étoffe brochée. Redingote de velours, garnie en chinchilla.

6-5
上流階級：アルバン氏考案の髪飾り。舞踏会用のドレス　（No.5）
Haute Classe. Coeffure de l'invention de Mr Albin. Robe de bal.

6-3
上流階級と中流階級：サテンのコルサージュと装飾がついたチュールのドレス。ギョーム氏制作の髪飾り　（No.3）
Haute et Moyenne Classes. Robe de tulle, à corsage et garnitures de satin. Coeffure exécutée par Mr Guillaume.

91

Haute et Moyenne Classes. N.º 1.

Paris. Costume de Présentation.

6-1
上流階級と中流階級：パリ、拝謁式の衣装 （No.1）
Haute et Moyenne Classes. Paris. Costume de présentation.

Haute et Moyenne Classes. N.º 4.

Coeffure de Mariée, ornée d'un Croissant de fleurs d'oranger, d'une branche de tubéreuse et d'un voile d'Angleterre, posé à la Marie Stuart: Cette coeffure composée et exécutée par M.ʳ Plaisir. Robe de mousseline brodée, garnie de volans d'Angleterre. Ceinture de satin moiré.

6-4
上流階級と中流階級：新婦のウェディング・ドレスの髪飾り。オレンジの花の三日月、オランダスイセンの枝、それにメアリー・スチュアート風のイギリス式ベールから成る。プレジール氏考案・制作。刺繍付きモスリン・ドレス。イギリス式フリル付き。モワレ入りサテンのベルト
(No.4)

Haute et Moyenne Classes. Coeffure de Mariée, ornée d'un croissant de fleurs d'oranger, d'une branche de tubéreuse et d'un voile d'angleterre, posé à la Marie Stuart: Cette coeffure composée et exécutée par Mʳ Plaisir. Robe de mousseline brodée, garnie de volans d'angleterre. Ceinture de satin moiré.

Haute Classe. Cornette garnie de dentelle. Domino de satin garni de blonde.

6-6
上流階級：舞踏会用ドレス。エジィルダ風の髪飾り。アルバン氏とプレジール氏考案 （No.6）
Haute Classe. Costume de bal. Coeffure à l'Ezilda, exécutée par M. M. Albin et Plaisir.

6-7
上流階級：ラメ入り薄布のショールで飾られたネージュ風の髪飾り。イポリット氏考案。サテンのコルサージュのチュールのドレス。ブロンド・レースとサテンの三角形の布付き （No.7）
Haute Classe. Coeffure à la Neige, ornée d'une écharpe de gaze lamée, par M' Hyppolite. Robe de tulle à corsage en satin garni de blonde et de pointes de satin.

6-8
上流階級：デュプレシ氏考案の髪飾り。チュールのドレス。ビロードのケープとチンチラの飾りがついたサテンのコート （No.8）
Haute Classe. Coeffure de l'invention de M' Duplessy. Robe de tulle. Manteau de satin à pélerine de velours et garniture de chinchilla.

6-10
上流階級：イポリット氏考案の金色パール付きビロード髪飾り。イポリット夫人考案のビロード・ドレス。ブロンド・レースのスカラップと刺繍されたバイアス装飾付き （No.10）
Haute Classe. Coeffure en velours, ornée de perles d'or, de l'invention de M' Hyppolite. Robe de velours, garnie de festons de blonde et de biais brodes, par M'' Hyppolite.

6-11
上流階級：イポリット氏考案の薄布とバラ飾りのついた髪飾り。イポリット夫人考案のチュールのドレス。サテン・リズレ（縁飾り用の細いリボン）とバラ装飾付き　（No.11）

Haute Classe. Coeffure en gaze et roses, de l'invention de Mr. Hyppolite. Robe de tulle, ornée de liserés de satin et de roses par Mme Hyppolite.

6-12
上流階級：イポリット氏制作のマドンナ風の髪飾り。イポリット夫人考案のチュールのドレス。ブロンド・レースの縁飾りのついたサテンのパット（ふた）と薄布のパフ付き　（No.12）

Haute Classe. Coeffure à la madone exécutée par Mr Hyppolite. Robe de tulle garnie de pattes de satin bordées de blonde et d'un bouillon de gaze par Mme Hyppolite.

6-13
上流階級：アルバン氏考案の金色ストライプ入りビロードの髪飾り。パールとフウチョウの羽根の装飾付き。チュールのドレス。サテンのリボン、ハゲコウの羽根のブーケ、金色のパール付き。インド製モスリンの肩掛け　（No.13）

Haute Classe. Coeffure en velours rayé d'or, ornée de perles et d'un oiseau de paradis, par Mr Albin. Robe de tulle garnie de rubans de satin, de bouquets de marabouts et de parles d'or. Echarpe de mousseline de l'Inde.

6-14
上流階級：ミュロ氏考案のパール、花、薄布のリボンで飾られた髪飾り。リボン、花、三日月形のサテンで飾られたチュールのドレス。テンの毛皮のボア　（No.14）

Haute Classe. Coeffure ornée de perles, de fleurs et de rubans de gaze par Mr Mulot. Robe de tulle garnie de rubans, de fleurs et de croissans de satin. Boa de martre.

第3章　LANTÉ 挿絵本

7 『才能、地位、美貌により有名となった女性たちのフランス・ギャラリー』
Galerie Française de Femmes Célèbres

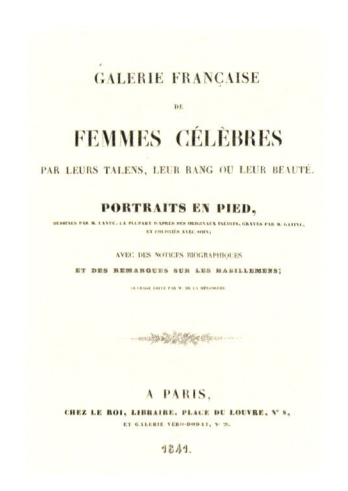

出版年：1841年、出版元：ル・ロワ書店、編集：ラ・メザンジェール、挿絵：L=M・ランテ、挿絵技法：エングレーヴィング（ガッティーヌ）・手彩色

◆『アンクロワイヤーブル・エ・メルヴェイユーズ』と同様に、ラ・メザンジェール編集によって、1827年に初版がつくられた版画集の再版（1841年）。フランス史にその名を残す王妃、王女、愛妾たちの「才能」「身分」「美」について、華麗なる衣装とともに紹介する1冊で、全70葉が初版と同じ版、あるいはそれに描き加えた版を用いて刷られた。ラ・メザンジェール編のアルバムにしては珍しく、右ページに彼自身による解説がついている。コメントの内容は、女性たちの来歴と時代の服装に関する注釈。

鹿島茂コレクションには70葉のすべてを含む完本が収蔵されている。

7-1
エルマンギャルド、アンジュー伯フルク＝ル＝ルシャンの娘：1147年没。ヴァンヌの近く、ルドン大修道院収蔵の絵画に基づく
Hermengarde, Fille de Foulque-le-Rechin, Comte d'Anjou, Morte en 1147. D'après un tableau tiré de l'abbaye de Redon, près de Vannes.

7-2
エロイーズ：1164年5月17日没、享年63
Héloïse, Morte le 17 Mai 1164, âgée de Soixante-trois ans.

SUIVANTE DE LA DAUPHINE D'AUVERGNE.

7-6
ドフィーヌ・ドーヴェルニュの侍女
Suivante de la Dauphine d'Auvergne.

ISABEAU DE BAVIÈRE,
FEMME DE CHARLES VI.
Couronnée à Paris, en 1389.
D'après une miniature sur vélin, du portefeuille de Gaignières.

7-7
イザボー・ド・バヴィエール、シャルル6世王妃：1389年にパリにて戴冠。ゲニエールの紙挟みのヴェラン紙に描かれたミニアチュールに基づく
Isabeau de Bavière, Femme de Charles VI. Couronnée à Paris, en 1389. D'après une miniature sur vélin, du portefeuille de Gaignières.

DAME DE LA FAMILLE DES URSINS,
SOUS CHARLES VI.

D'après un tableau sur bois, peint sous Charles VI.

ユルサン家の貴婦人、シャルル6世時代：シャルル6世治下に板絵に描かれた肖像に基づく
Dame de la Famille des Ursins, Sous Charles VI. D'après un tableau sur bois, peint sous Charles VI.

7-11
ルネ・ダンジューの宮廷の貴婦人：出版元の書斎のヴェラン紙に描かれたミニアチュールに基づく
Dame de la Cour de René d'Anjou. D'après une miniature sur vélin, du cabinet de l'éditeur.

DEMOISELLE EN MASQUE. RÈGNE DE HENRI III.

7-22
マスクをつけた貴婦人、アンリ3世治下
Demoiselle en Masque. Règne de Henri III.

7-3
マルグリット・ド・フランドル（ブルターニュ公ジャン・ド・モンフォール夫人）：フィリップ6世治下、1341年の肖像。ゲニエールの紙挟みの中のミニアチュールに基づく

Marguerite de Flandre, Épouse de Jean de Montfort, Duc de Bretagne. Année 1341, sous Philippe VI. D'après une miniature du portefeuille de Gaignières.

7-5
オーヴェルニュ公太子妃アンヌ、ブルボン公ルイ2世夫人

Anne, Dauphine d'Auvergne, Femme de Louis II, Duc de Bourbon.

7-9
マリー・ダンジュー、シャルル7世王妃

Marie d'Anjou, Femme de Charles VII.

7-10
マリ・ド・エノー、聖王ルイの孫ブルボン公ルイ1世の夫人：オーヴェルニュ地方の紋章集に基づく

Marie de Hainaut, Femme de Louis I, Duc de Bourbon, Petit-fils de Saint Louis. Tiré d'un armorial d'Auvergne.

7-12
ミシェル・ド・ヴィトリー、ジュヴネル・デ・ジュルサン未亡人：1456年没。シャルル7世治下に描かれた板絵に基づく
Michelle de Vitry, Veuve de Juvenel des Ursins. Morte en 1456. D'après un tableau sur bois peint sous Charles Ⅶ.

7-13
アンヌ・ド・ブルターニュ：1476年生、1514年没。国王の書斎のヴェラン紙に描かれたミニアチュールに基づく
Anne de Bretagne, Née en 1476, Morte en 1514. D'après une miniature sur vélin du cabinet du Roi.

7-14
エレオノール・ドートリッシュ、フランソワ1世の2度目の王妃：1498年生、1558年没
Eléonore d'Autriche, 2ème Femme de François 1er. Née en 1498, Morte en 1558.

7-15
マルグリット・ド・ヴァロワ、フランソワ1世の姉：1492年生、1549年没。出版元の書斎の板絵の肖像画に基づく
Marguerite de Valois, Sœur de François 1er. Née en 1492, Morte en 1549. D'après un portrait sur bois, du cabinet de l'éditeur.

7-16
ディアヌ・ド・ポワティエ：1499年生、1566年没。出版元の書斎のヴェラン紙に描かれたミニアチュールに基づく
Diane de Poitiers, Née en 1499, Morte en 1566. D'après une miniature sur vélin du cabinet de l'éditeur.

7-17
ルイーズ・ド・サヴォワ、フランス王国摂政：1476年生、1532年没。国王図書室のヴェラン紙に描かれた写本に基づく
Louise de Savoie, *Régente du Royaume*, Née en 1476, Morte en 1532. D'après un manuscrit sur vélin de la bibliothèque de Roi.

7-18
アンヌ・ド・ピスルー、エタンプ公爵夫人：1509年生。出版元の書斎のヴェラン紙に描かれたミニアチュールに基づく
Anne de Pisseleu, *Duchesse d'Estampes*. Née en 1509. D'après une miniature sur vélin du cabinet de l'éditeur.

7-19
カトリーヌ・ド・メディシス、アンリ2世王妃：1519年生。出版元の書斎のミニアチュールに基づく
Catherine de Médicis, *Femme de Henri II*, Née en 1519. D'après une miniature du cabinet de l'éditeur.

7-20
マドモワゼル・ド・リムーユ、カトリーヌ・ド・メディシス侍女：出版元の書斎の油彩のミニアチュールに基づく
Mademoiselle de Limeuil, Fille d'Honneur de la Reine Catherine de Médicis. D'après une miniature à l'huile du cabinet de l'éditeur.

7-21
マリ・トゥシェ（シャルル9世の愛妾）：1549年生
Marie Touchet. Née en 1549.

7-23
バヴォレをつけた洗濯女、ルイ13世治下：出版元の書斎の油彩肖像画に基づく
Lingère Coiffée d'un Bavolet. Règne de Louis XIII. D'après un portrait à l'huile du cabinet de l'éditeur.

7-24
マルグリット・ド・フランス、アンリ2世の王女、アンリ4世の最初の王妃：1552年生
Marguerite de France, Fille de Henri II, Première femme de Henri IV; Née en 1552.

7-25
ニノン・ド・ランクロ（有名な高等娼婦）：1615年パリ生、1705年没。出版元の書斎のヴェラン紙に描かれたミニアチュールに基づく

Ninon de l'Enclos, Née à Paris en 1615, Morte en 1705. D'après une miniature sur vélin du cabinet de l'éditeur.

7-26
ラ・ヴァリエール嬢：1644年生、1710年没。出版元の書斎のヴェラン紙に描かれたミニアチュールに基づく

Mlle de la Vallière, Née en 1644, Morte en 1710. D'après une miniature sur vélin du cabinet de l'éditeur.

7-27
モンテスパン夫人（ルイ14世の愛妾）：1707年没、享年66。出版元の書斎の象牙の上に描かれたミニアチュールに基づく

Mme de Montespan, Morte en 1707, âgée de 66 ans. D'après une miniature sur ivoire du cabinet de l'éditeur.

7-28
ラ・カマルゴ（オペラ座の有名なダンサー）：出版元の書斎の油彩の肖像画に基づく

La Camargo, D'après un portrait à l'huile, du cabinet de l'éditeur.

ガヴァルニ
GAVARNI
(1804-1866)

　ガヴァルニこと、シュルピス゠ギヨーム・シュヴァリエは1804年1月13日、パリ3区のオドリエット通りに生まれた。父親は革命期にボンディ地区革命委員に選ばれた革命派だった。パリの「アール・ゼ・メティエ」付属学校のルブラン教室で機械設計のためのデッサンと数学を学んだあと、建築図面家ジャン・アダンのエッチング助手となり、1824年、ボルドーの港湾工事の下調べに派遣された。1829年、タルブの渓谷ガヴァルニをスケッチした水彩画を描き、これを1829年のサロンに応募したところ、カタログの制作者がガヴァルニを彼の名字と取り違えて出品。以後、画家シュヴァリエはガヴァルニと署名するようになる。最初はガヴァルニだけだったが、後に洗礼名もつけてポール・ガヴァルニと名乗るようになった。

　1830年、ラ・メザンジェールの『ジュルナル・デ・ダム・エ・デ・モード』にガヴァルニの描いたファッション・プレートが載ると、それを見たライバル誌『ラ・モード』の編集長兼社主のエミール・ド・ジラルダンから連絡が入り、破格の待遇で『ラ・モード』に迎えたいという希望が伝えられた。もちろん、まったくの新人であるガヴァルニに異存があるはずがない。ジラルダンはガヴァルニのシャープな線の魅力を引き出すには石版ではなく鋼版が最適と判断。かくて、1830年の後半からは、毎号のようにシャープな切れ味を持つガヴァルニのイラストが『ラ・モード』を飾り、『ジュルナル・デ・ダム・エ・デ・モード』を飽きたらなく思っていた読者、とりわけ、都市部の読者の強い支持をえる。おかげで、『ラ・モード』は売上を伸ばし、『ジュルナル・デ・ダム・エ・デ・モード』の牙城に迫ったが、本質的にモード雑誌に興味のないジラルダンは人気が頂点に達した時点で株式を正統王朝派に売却し、次の投資に備えた。ガヴァルニはジラルダンの去った後も少しだけ『ラ・モード』にとどまったが、正統王朝派の編集部とセンスが合わず、ファッション・プレートの提供をやめた。後述のように、1835年から復帰した期間を除くと、ジラルダンとガヴァルニの蜜月は期間にして1年と数カ月、枚数にして80葉あまりしかない。しかし、ガヴァルニはこれだけで、ファッション・プレートというジャンルの頂点を極めたのである。以後、19世紀はおろか、20世紀に入っても、『ガゼット・デュ・ボン・トン』や『モード・エ・マニエール・ドージュルデュイ』が出現するまで、ガヴァルニを凌ぐファッション・イラストレーターはついに現れなかった。

　『ラ・モード』を去った後、ガヴァルニは風俗風刺画家としてのキャリアを重ね、ドーミエのライバルと目されるまでになり、美術史の一ページを飾るに至ったが、絵としての完成度から見たら、『ラ・モード』時代の1年間がピークだったような気もする。ガヴァルニの風刺画は日本でもある程度紹介されているが、ファッション・プレートに触れる機会は少なかった。ファッション・プレート画家としてのガヴァルニに評価の光が当たることを望みたい。

第4章　GAVARNI　ファッション・プレート
8『ラ・モード』
La Mode

出版年：1829-54年、出版元：エミール・ド・ジラルダン、挿絵：ガヴァルニなど、挿絵技法：鋼版画・手彩色・一部石版

◆『ラ・モード』は、後に新聞王と称されることになるエミール・ド・ジラルダン（Emile de Girardin, 1806-1881）によって1829年に創刊されたモード雑誌だが、執筆者としてはバルザック、ウージェーヌ・シューなど、当時売り出しの書き手を揃え、読み物の部分も充実している。

ジラルダンは、ラ・メザンジェールによる『ジュルナル・デ・ダム・エ・デ・モード』を批評的に検討し、これに取って代わる新しいモード誌を創刊することは可能であると判断した。ラ・メザンジェール帝国とは異なるニッチを開拓することを目指したのである。そのために起用したのがまったくの新人のガヴァルニで、彼の描く「女の子」なら、ランテの描く「大人の女」とは違う読者層を掘り起こすことが出来ると考えたのである。

事実、ガヴァルニは1830年から31年までこの雑誌の専属画家としてファッション・プレートの多くを手掛け、大変な人気を博したが、このガヴァルニ人気こそ、『ラ・モード』を人気雑誌へと押し上げる原動力となったと言ってよい。2年の間に、ガヴァルニは100点以上にもなる大量のファッション・プレートを描き、その原画はトルーブ（Trueb）とナルジョ（Nargeot）により鋼版画に版刻され、手彩色を施された。この頃のガヴァルニの描く女性は、鋼版画のためか、鮮やかな手彩色にも関わらず、非常にクッキリとした印象を与える。描かれた女性のかわいらしさと手法のシャープさの対比が効果をあげている。『ラ・モード』におけるガヴァルニの原画は、後にゴンクール兄弟のコレクションに入った。

新聞や雑誌も、株と同じように売り時が来れば売買すべきものとドライに考えていたジラルダンは、ガヴァルニ人気で『ラ・モード』の株価が頂点に達した1831年の半ば、突如、『ラ・モード』の全株式を正統王朝派に売却した。ジラルダンの去ったあともガヴァルニはイラストの提供を続けたが、1832年にはガヴァルニが去って、ランテが専属画家に起用される。1835年にガヴァルニが復帰して1837年までの約2年間、挿絵を提供したが、すでに作風が変わっており、初期のようなファッション・プレートは望むべくもなかった。『ラ・モード』そのものもジラルダンが去ったあとは低迷が続き、正統王朝派の観点からルイ・フィリップの政府を痛烈に批判する風刺画をモード版画とともに掲載するなどして挽回を図ったが、果たせず、社主がたびたび替わった後、1854年に至って廃刊となった。

鹿島茂コレクションには、ジラルダンの創刊から売却にいたる全期間をカバーした欠号なしの1829-31年の合本6巻、および、1831年から1833年までの合本4巻、さらに1839-40年、1844-45年の合本4巻が収蔵されている。ちなみに、最後の4巻にはダンディーたちの会員制クラブだった「フランス・ジョッキー・クラブ」の蔵書票が張られている。

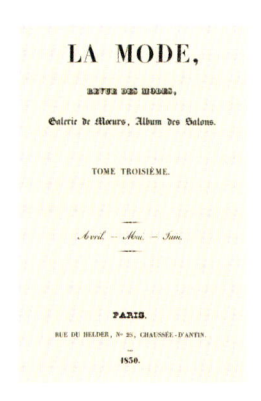

8-1
帽子とドレスの組み合わせの装い　1830年（Pl. 93）
Toilette Composée.

8-2
ノルマンダン氏（パッサージュ・ショワズール）考案の髪飾り。マダム・アレクサンドルの店（ロワイヤル通り、8番地）のブロンドレースで飾られたクレープのドレス。マダム・エケの店（ヴァンタドゥール通り、11番地）のクレープの縁なし帽　1831年（Pl. 125）
Coiffure par Mr Normandin, passage Choiseul. Robe de crêpe garnie de blonde de chez Mme Alexandre, rue Royale, 8. Berret de crêpe de chez Mme Hoequet, rue Ventadour, 11.

109

8-3
子供の衣装　1830年 (Pl. 70)
Costumes d'Enfans.

8-5
オペラ座のボックス席　1831年 (Pl. 115)
Une Loge à l'Opéra.

8-6
オペラ座の舞踏会　1831年 (Pl. 117)
Bal de l'Opéra.

La Mode.

Pl. 72.

Toilette de Deuil.

L'Administration est Rue du Helder, N° 25.

8-7
喪の装い　1830年 (Pl. 72)
Toilette de Deuil.

8-8
遊び心のモード　1831年 (Pl. 111)
Modes de Fantaisie.

Travestissement Nouveau.

8-10
ニュー・タイプの仮装　1831年 (Pl. 113)
Nouveau Travestissement.

8-11
ニュー・タイプの仮装　1831年 (Pl. 116)
Travestissement Nouveau.

8-12
舞踏会の装い　1831年（Pl. 120）
Toilette de Bal.

8-13
ニュー・タイプの仮装　1831年 (Pl. 119)
Travestissement Nouveau.

8-14

ドーモン氏（リシュリュー通り、51番地）の帽子。カイエ氏（ムーラン通り、6番地）の輪奈ビロードの裏地のついたフロックコート。羊毛状の革のパンタロン。

マダム・エケの店の帽子。マダム・アレクサンドル（ロワイヤル通り、8番地）の毛皮（毛皮の裏地）付きコート　1831年 (Pl. 123)

Chapeau de Mr Daumont, rue Richelieu, 51. Redingotte doublée de velours épinglé de Mr Caillet, rue des Moulins, 6. Pantalon de cuir de laine. Chapeau de chez Mme Hoequet. Pelisse de Mme Alexandre, rue Royale, 8.

La Mode.

Gravé d'après Gavarni.

Travestissement nouveau.
(1831 5°)

PL. 121.

L'Administration est Rue du Helder, 25.

8-15
ニュー・タイプの仮装　1831年 (Pl. 121)
Travestissement Nouveau.

8-16
夜の正装（フォーマルの装い）：ノルマンダン氏（パッサージュ・ショワズール）制作の髪型。サテンのロール飾りで飾られた絹の薄布のドレス。マダム・アレクサンドルの店（ロワイヤル通り、8番地）のチュールで飾られたクレープのドレス　1831年（Pl. 127）

Toilette Habillée du Soir. Coiffures exécutées par Mr Normandin passage Choiseul. Robe de gaze de soie, ornée de rouleaux de satin. Robe de crêpe garnie de tulle de Mme Alexandre, rue Royale, 8.

La Mode

Gravé d'après Gavarni par Nargeot

Canesou de tulle brodé garni de rubans et Bonnet de blonde orné d'aigrettes en rubans des M^sins de Mme Armand, rue du Helder, 20. — Tabouret chinois.

Pl. 130   L'Administration est Rue du Helder 25

8-17
マダム・アルマンの店（エルデール通り、20番地）の刺繍したチュールのリボン飾りつきカンズー（ケープに似た袖なしジャケット）。羽根飾り状リボンで飾られたブロンドレースの縁なし帽。中国のスツール　1831年 (Pl. 130)
Canesou de tulle brodé garni de rubans et bonnet de blonde orné d'aigrettes en rubans des M^sins de Mme Armand, rue du Helder, 20. Tabouret chinois.

8-18

1と2. マダム・ルソー=ルブランの店（ブルス広場）の帽子。3. 野の花の花束で飾られた薄布の縁なし帽。4. マダム・デュブルニアルの店（パッサージュ・ショワズール28番地）のチュールの縁なし帽　1831年（Pl. 129）

1 et 2. Chapeaux des M^{sins} de Mme Rousseau-Leblanc, place de la Bourse. 3. Bonnet de gaze orné d'un bouquet de fleurs des champs. 4. Bonnet de tulle des M^{sins} de Mmes Dubournial, passage Choiseul, 28.

8-19
仮装（1790年のモード）：コリネット（キジの羽）を飾り付けたタフタの帽子。ふくらんだフィシュ（三角形の肩掛け）。絹のショール。タフタのスカート。薄いラシャ地の燕尾服。バクシンのジレ（ベスト）。キュロットと絹の靴下。天真爛漫（アンジェニュ）役のような髪型　1831年（Pl. 133）

Travestissement (Modes de 1790). Chapeau de taffetas orné d'une colinette. Fichu bouffant. Schall de soie. Jupe de taffetas. Habit de drap fin. Gilet de baxin. Culotte et bas de soie. Coiffure à l'ingénu.

8-20
イギリスのモード。オープン・タイプの馬車で散策する装い：飾りのある麦わら帽。ナポリ産絹織の平背のタイトなドレス。少年馬丁、ゲートルにバクシンのキュロット　1830年 (Pl. LV)

Mode Anglaise. Toilette de Voiture Découverte. Chapeau en agrément de paille. Robe juste à dos plat en gros de Naples. Tigre culotte de baxin à guêtres.

8-21
朝の部屋着の装い：ムッシュ・オトゥテの店（エルデール通り、20番地）の糸束飾りのついた麦わらのキャポット（あご紐つきボンネット帽）。ギンガムのドレス。プルネラ（梳毛織物）のゲートル——小間使い　1830年 (Pl. LIX)

Toilette Négligée du Matin. Capotte de paille cousue de chez Mr Othté, rue du Helder, N° 20, Robe de guingamp. Guêtres de prunelle. Femme de chambre.

8-22
1. クレープの帽子。2. ライラック色の薄布のリボンがついた絹縁の麦わらキャポット。3. バラ色のナポリ産絹織の帽子、棘のあるバラの飾り。4. ブロンドレースの縁なし帽。全て、マダム・エケの店（ヴァンタドゥール通り、11番地）のもの　1830年 (Pl. 60)

1. Chapeau de crêpe. 2. Capote de tissue soie et paille ruban de gaze lilas. 3. Chapeau de gros de Naples rose, rose épineuse. 4. Bonnet de blonde, des magasins de Mme Hoequet, rue Ventadour, N° 11.

8-23
夜の装い：毛足の短いグレーの毛の帽子。ラシャ地の燕尾服。キルティングのジレ。イギリスの厚織りリンネルのパンタロン。エナメルの革靴　1830年 (Pl. 66)

Toilette du Soir. Chapeau gris poil ras. Habit de drap. Gilet de piqué. Pantalon de coutil anglais. Souliers de cuir vernie.

8-24
狩りと田園の衣装　1830年（Pl. 74）
Costumes de Chasse et de Campagne.

8-25
ウィーンのモード　1830年（Pl. 78）
Mode de Vienne.

8-26
国民衛兵の軍服：近衛騎兵。擲弾兵。猟歩兵　1830年（Pl. 80）
Uniformes de la Garde Nationale. Garde à cheval. Grenadier. Chasseur.

8-27
晩餐会の装い　1830年（Pl. 83）
Toilette pour Dîner.

8-28
夜の装い。ロシアのプリーツ　1830年 (Pl. 88)
Toilette du Soir, Plisse russe.

8-29
観劇の装い　1830年 (Pl. 89)
Toilette de Spectacle.

8-30
帽子とドレスの組み合わせの装い　1830年 (Pl. 90)
Toilette Composée.

8-31
帽子とドレスの組み合わせの装い　1830年 (Pl. 91)
Toilette Composée.

8-32
朝の装い　1830年 (Pl. 96)
Toilette du Matin.

8-33
ロンドンの流行　1830年 (Pl. 95)
Mode de Londres.

8-34
新しい装い　1830年 (Pl. 98)
Toilette Nouvelle.

8-35
季節の装い　1830年 (Pl. 100)
Toilette de Saison.

8-36
正装(フォーマルの装い)　1830年 (Pl. 102)
Toilette Habillée.

8-37
季節の装い　1830年 (Pl. 103)
Toilette de Saison.

8-38
舞踏会の装い　1830年 (Pl. 105)
Toilette de Bal.

8-39
朝の装い　1831年 (Pl. 110)
Toilette du Matin.

8-40
朝の装いと朝の部屋着　1831年（Pl. 112）
Toilette et Négligé du Matin.

8-41
マダム・エケの店（ヴァンタドゥール通り、11番地）のサテンの帽子。マダム・ドゥシャルム（ヌヴェル・サン・トギュスタン通り）のドレス。テンの毛皮のケープのついたビロードのコート　1831年（Pl. 124）
Chapeau de satin des magasins de Mme Hoequet, rue Ventadour, 11. Robe de Mme Ducharme, rue N^e St Augustin. Manteau de velours à pélerine de marte.

8-42
イギリスの帽子。小さな折り返し襟のついたフロックコートとラシャの小ケープ。カシミアのパンタロン（長ズボン）。マダム・エケの店（ヴァンタドゥール通り、11番地）の花の蝶結びで飾られたサテンの帽子。絹のドレス。プルネラの編み上げの靴　1831年（Pl. 128）
Chapeaux anglais. Redingotte à petit revers et collet de drap. Pantalons de casimir. Chapeau de satin orné d'un chou de fleurs des magasins de Mme Hoequet, rue Ventadour, 11. Robe de soie. Brodequins de prunelle.

8-43
イギリス風小さなキャポット。マダム・アルマンの店（エルデール通り、20番地）のサテンのルーローが飾り付けられたチュールのカンズー。モスリンのドレス　1831年（Pl. 131）
Petite capotte anglaise. Canezou de tulle garni de rouleaux de satin des magazins de Mme Armand, rue du Helder, 20. Robe de mousseline.

129

第5章　GAVARNI　挿絵本

9　『フランス人の自画像』
Les Français Peints par Eux-mêmes

出版年：1840-42年、出版元：キュルメール書店、サイズ：8折、挿絵技法：版元手彩色の木口木版、計9巻（8巻＋「プリスム」の1巻）

◆「観相学」の流行により、携帯して持ち歩ける小冊子タイプの「生理学もの」がもて囃され、驚異的な発行部数を叩きだすものもあった。「生理学もの」とは、職業・身分・属性などの特徴を、動物の分類学に見立てて、おもしろおかしく分析するジャンルの読み物で、挿絵入りのものがほとんどだった。版元の中心は、『シャリヴァリ』の社主シャルル・フィリポンの甥が経営するオベール商会。

1840年から42年にかけてキュルメール書店から配本・出版された『フランス人の自画像』は、全9巻にわたる「大生理学本」とも呼べる類の「生理学もの」の集大成である。フランス市民を職業別に分類し、職業的習性からくる独特の性を描いている。パリ編5巻と地方編3巻の本編8巻に、最初の予約購読者にのみ無料配布された付録「プリスム」1巻の合計9巻で構成されている。画家が1ページを使ってテーマの職業的人物像を描き、その人物について説明するテクストが添えられている。版元手彩色版と無彩色版がある。

最も活躍したのはガヴァルニである。計400点の挿絵の内、190点を彼ひとりで描き、第1巻では35人もの人物を担当している。この活躍ぶりは彼の人物描写のうまさに由来するのだろう。グランヴィルやドーミエ、モニエなども参加しているが、その担当数ははるかに及ばない。

鹿島茂コレクションには、『フランス人の自画像』の初版の手彩色版が2セット収蔵されている。

グリゼット（お針子）
La Grisette

1830年の貴婦人
La Grande Dame de 1830

端役女優
La Figurante

大革命以後の青春
La Jeunesse depuis Cinquante Ans

シカール（カーニヴァルの有名人）
Chicard

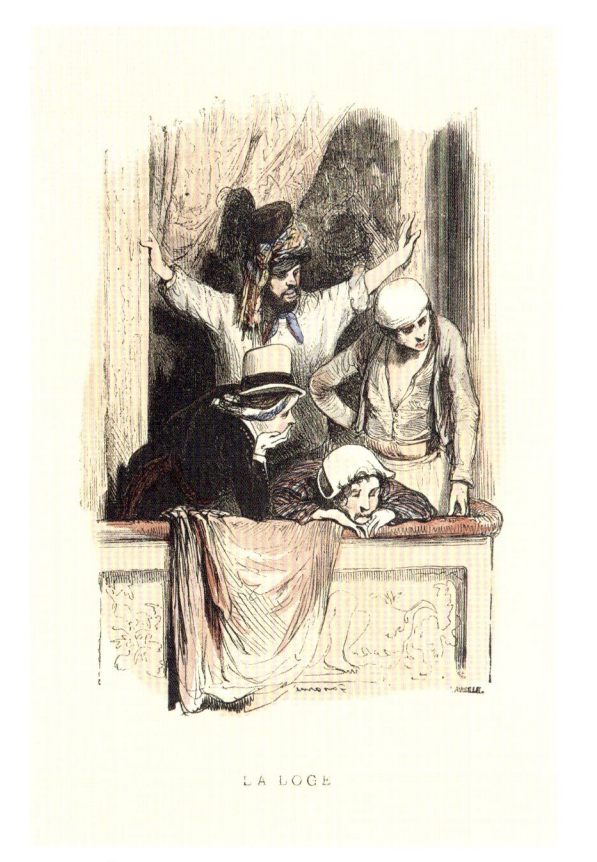

ボックス席
La Loge

地方の人妻
La Femme de Province

10 『パリの悪魔』
Le Diable à Paris

出版年：1845-46年、出版元：エッツェル書店、編集：ピエール=J・エッツェル、挿絵：ガヴァルニ、ベルタル、挿絵技法：木口木版、2巻本

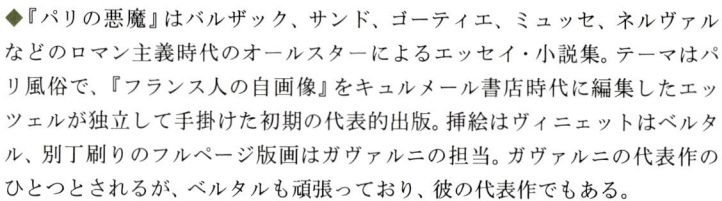

◆『パリの悪魔』はバルザック、サンド、ゴーティエ、ミュッセ、ネルヴァルなどのロマン主義時代のオールスターによるエッセイ・小説集。テーマはパリ風俗で、『フランス人の自画像』をキュルメール書店時代に編集したエッツェルが独立して手掛けた初期の代表的出版。挿絵はヴィニェットはベルタル、別丁刷りのフルページ版画はガヴァルニの担当。ガヴァルニの代表作のひとつとされるが、ベルタルも頑張っており、彼の代表作でもある。

J=J・グランヴィルの『もう一つの世界』の挿絵が「未来のパリ」と題してはめ込まれ、1868-69年に再販された『パリの悪魔』は、ベルタルやガヴァルニの版画も収録されてはいるが、基本的には別の出版物と見なすべきである。

鹿島茂コレクションには1845-46年の初版が所蔵されている。

カーニヴァルにて
En Carnaval

カーニヴァルにて
En Carnaval

パリの悪魔
Le Diable à Paris

20世紀のイラストレーター

GEORGES LEPAPE

◆

CHARLES MARTIN

◆

ANDRÉ É. MARTY

　20世紀に入ってからもしばらくは19世紀の続きの惰眠をむさぼっていたモードは1908年『ポール・イリーブが語るポール・ポワレのドレス』で目覚めのきっかけを与えられ、1911年の『ジョルジュ・ルパップが見たポール・ポワレの作品』で完全に覚醒する。ポワレに革新のアイディアを与えたのは100年前の『ジュルナル・デ・ダム・エ・デ・モード』だった。ヴェルネやランテが描いたディレクトワール・スタイルのコルセットをつけないハイ・ウエストのドレスがポワレを刺激したのだった。1912年に入るとこの伝説の『ジュルナル・デ・ダム・エ・デ・モード』に着想を得た新しいタイプのモード雑誌が続々と創刊され、パリ・モードは完全に20世紀に突入することとなる。

　元小説家で詩人のピエール・コラールの『モード・エ・マニエール・ドージュルデュイ』(5月創刊)、ダヌンツィオの秘書のアントンジーニの『ジュルナル・デ・ダム・エ・デ・モード』(6月創刊)、『コメディア・イリュストレ』の編集長リュシアン・ヴォージェルの『ガゼット・デュ・ボン・トン』(11月)がそれである。

ジョルジュ・ルパップ
GEORGES LEPAPE
(1887-1971)

　1887年5月26日、エンジニアを父としてパリに生まれる。モンマルトルのアンベール画塾で、ブラック、ローランサン、ピカビアと知り合う。エコール・デ・ボザールに入学し、コルモン教室で、アンドレ・E・マルティ、ピエール・ブリソー、ベルナール・ブテ・ド・モンヴェル、それにシャルル・マルタンと友情を結ぶ。1910年、知り合いの編集者グートゥロによってポール・ポワレに紹介され、プライベートでファッション・ショーを見せられ、「印象」を描きだすよう命じられる。そのとき、持参してきた妻が描いた「ズボンをはいた女の子」のモード画4点をポワレに見せると、ポワレはこのデッサンを大変気に入り、1911年に『ジョルジュ・ルパップが見たポール・ポワレの作品』が刊行された際に、妻のデッサン4点はアルバムの最後のページに「明日の作品」として収録されることとなる。アルバムはルパップの代表作となる。ルパップは以後、『モード・エ・マニエール・ドージルデュイ』『ガゼット・デュ・ボン・トン』にイマジネーションに満ちたモード画を提供するかたわら、『フェミナ』誌などでも活躍。1926年に渡米すると、1933年までアメリカの雑誌『ヴォーグ』の表紙を担当した。舞台衣装やポスターなどの装飾美術の分野でも業績を残したが、1930年代の後半から画風が変わると同時に画力が低下し、同じルパップとは思えないようなレベルの低いイラストを挿絵本に提供した。1930年以降のルパップの挿絵本で評価すべきものはほとんどない。
　1971年2月15日没する。

第6章　LEPAPE　ファッション・プレート

11『ジョルジュ・ルパップが見た ポール・ポワレの作品』

Les Choses des Paul Poiret vues par Georges Lepape

出版年：1911年、出版元：ポール・ポワレ／パリ刊、印刷：マケ印刷所、イラストレーター：ルパップ、複製技法：ポショワール、部数：限定1000部（うち300部は特別刷り、通し番号とポワレのサイン入り、また12葉の版画のうち3葉は和紙刷りで女の子の頭部を描いたルパップのマーク入り）。

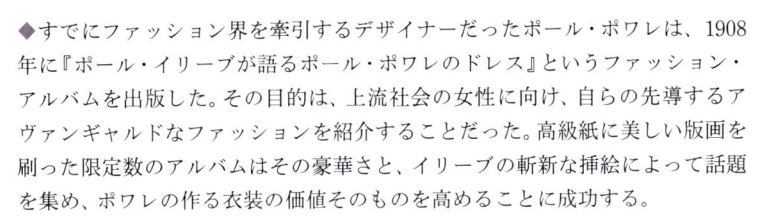

◆すでにファッション界を牽引するデザイナーだったポール・ポワレは、1908年に『ポール・イリーブが語るポール・ポワレのドレス』というファッション・アルバムを出版した。その目的は、上流社会の女性に向け、自らの先導するアヴァンギャルドなファッションを紹介することだった。高級紙に美しい版画を刷った限定数のアルバムはその豪華さと、イリーブの斬新な挿絵によって話題を集め、ポワレの作る衣装の価値そのものを高めることに成功する。

これに続いて、より革新的なファッション・アルバムの出版を目指すポワレは、若手の画家ジョルジュ・ルパップの才能を見出だし、彼のために特別に開いたファッション・ショーの「印象」をアルバムに定着するように命じる。こうして、1911年2月、『ジョルジュ・ルパップが見たポール・ポワレの作品』がポワレによる2冊目のアルバムとして発行された。ルパップのアルバムに登場したのは、イリーブの描いたような「婦人」ではなく、「女の子」であり、ジャポニスムの影響か、欧亜混血風の顔が目立った。そして、その「女の子」の「未成熟」な肉体に合わせてドレスも凹凸ではなくスレンダーさを強調していた。その表現には、当時、パリに衝撃を与えたロシア・バレエや、ポワレが凝っていたペルシャ趣味などの様々な影響が窺える。このアルバムの反響は前作に比べ大きく、ポワレのアヴァンギャルド・デザイナーとしての地位は完全に確立され、若手画家ルパップは一躍ファッション業界の人気者となった。

鹿島茂コレクションにはフルページのイラスト12葉を完全収録したブロシェ（仮綴じ）版が1セット収蔵されている。

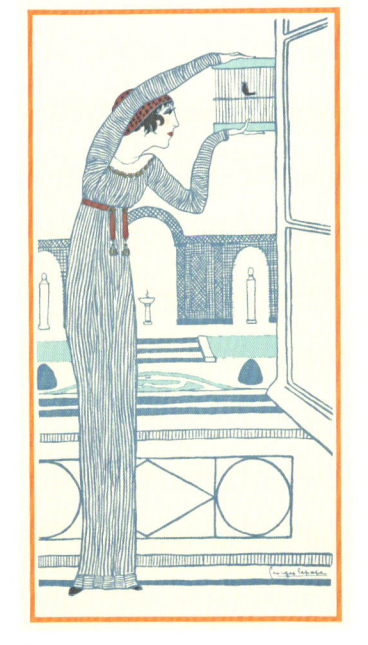

11-12
明日の作品

11-6 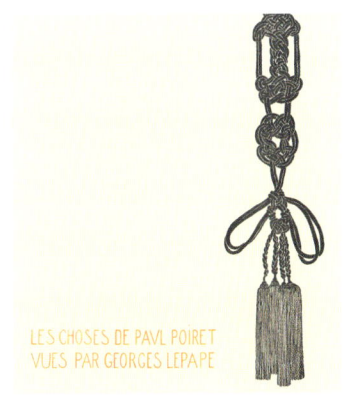
扉 
11-11

11-1

11-2

11-5

11-7

11-3

11-8

11-9

11-10

139

12 『モード・エ・マニエール・ドージュルデュイ（今日のモードと着こなし）』
Modes et Manières d'Aujourd'hui, 1912

出版年：1912-21年、出版元：第1回配本のみピエール・コラール、第2回配本からはコレクション・ピエール・コラール／パリ刊、イラストレーター：ルパップ、マルタン、バルビエ、マルティ、ボンフィス、シメオン、複製技法：ポショワール、部数：限定300部、紙：静岡鳥の子紙（うち12部は白黒の別刷およびグアッシュ原画を添付、17部は献辞および署名）。

◆これもまた18世紀末のモード誌からタイトルを拝借していると思われる。総裁政府時代からナポレオン帝政にかけて、ドゥビュクールが制作、出版したモード版画集『モード・エ・マニエール・デュ・ジュール（当世風のモードと着こなし）』(1798-1808) と似通ったタイトルとなっているからである。

『モード・エ・マニエール・ドージュルデュイ』は、元小説家で詩人のピエール・コラールという繊細な趣味人が1912年5月に創刊した特異な定期刊行物で、そのコンセプトは、毎年1人の画家がその年のモードの進化を予想ないし予感して創作した12枚のプレートを有名作家のテクストとともに1年に1回配布するという形式を取っていた。ただし、創刊時には、続巻が明確には意識されていなかったのか、このルパップ担当の第1回配本のみ刊行者としてピエール・コラールの名前が記されているが、1913年のマルタン担当の第2回配本以降は発行元として「ピエール・コラール・コレクション」と記されている。1914年はバルビエに割り振られ5月の下旬ないしは6月上旬に刊行された。

ここまでは第一次世界大戦の前に刊行され、刊行者はピエール・コラールだったが、1914年の11月にコラールが戦死したため、戦後、助手をつとめていたメニアルが編集を肩代わりして1914年から1919年までを第一次世界大戦の合併号として再びルパップに割り振った。以後、1919年はマルティ、1920年はロベール・ボンフィス、1921年はフェルナン・シメオンが担当することとなる。戦争合併号は1921年に、戦後分もその翌年になってから刊行されたが、ボンフィスとシメオンの担当巻における質の低下は否めない。全巻まとめられたかたちでは「ピエール・コラール・コレクション」としてメニアル書店を発行元として出されている。全7巻から成り、84葉のポショワール版画が含まれている。

ポショワール版画は『ガゼット・デュ・ボン・トン』に比べてやや大きく、紙も最上質の静岡鳥の子紙を使用しているため、色彩が鮮明である。また、人物のみならず背景まで綿密に描き込まれ、その人物を取り巻く環境や生活情景などの物語が設定されている。他のモード誌に比べて限定300部と配布数が少ないこともあって、ファッション・プレート市場における価格も高い。

鹿島茂コレクションには、全7巻の完全セットおよび、ルパップの1914-19年分、バルビエの1914年分バラ2葉、それにマルティの1919年分のアヴァン・ラ・レットル（文字印刷前のバージョン）が収蔵されている。

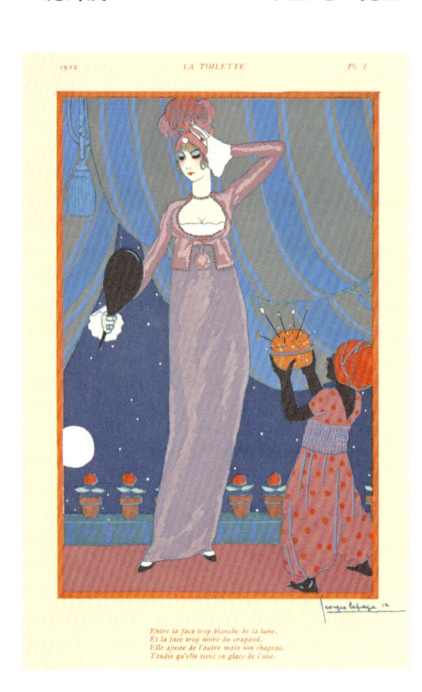

12-1（左）
化粧（身繕い）：月の真っ白な顔と黒人少年の真っ黒な顔との間で、彼女は一方の手で鏡を支えながら、もう一方の手で帽子を整えている。 1912年 (Pl. I)
La Toilette. Entre la face trop blanche de la lune, / Et la face trop noire du crapaud, / Elle ajuste de l'autre main son chapeau, / Tandis qu'elle tient sa glace de l'une.

12-2（右）
幕間：彼女は愛想がいいのか、それともとっつきにくいのか？ 誰も何も知らない。すべては、彼女の傲慢そうな鼻のおかげである。 1912年 (Pl. II)
L'Entr'Acte. Est-elle aimable ou rébarbative? Nul n'en sait rien... à cause de son nez impertinent.

1912　　　　　　　　　LES COUSSINS　　　　　　　　　Pl. V.

> Voici l'heure entre toutes si délicate,
> Si délicate et précieuse, où l'on goûte
> Les minutes qui s'égrennent goutte à goutte
> Comme un collier de turquoises et d'agates.

12-5
クッション：あらゆる時間の中で、わけても繊細な、そう、繊細で貴重なあの時間が訪れてくる。高価なトルコ石と瑪瑙の首飾りの玉が一粒また一粒とほどけるように、時刻が刻一刻とほどけて落ちる瞬間を味わうあの時間が。　1912年（Pl. V）

Les Coussins. Voici l'heure entre toutes si délicate, / Si délicate et précieuse, où l'on goûte / Les minutes qui s'égrennent goûtte à goûtte, / Comme un collier de turquoises et d'agates.

12-3
蝶々：彼女の仕草そのものに飛翔の喜びがある！　1912年 (Pl. III)
Les Papillons. Et son geste lui-même a la joie d'un envol!

12-4
ブランコ：その無邪気な娘は足の一蹴りで雲まで舞い上がった。雲に感謝しよう。彼女を止めてくれなかったことに。　1912年 (Pl. IV)
La Balançoire. D'un coup de pied cette ingénue, / S'envola jusques aux nues; / Rendons grâces à ces nues, / De ne l'avoir pas retenue.

12-6
果樹園：リンゴ林の中の感動。　1912年 (Pl. VI)
Le Verger. Un émoi parmi les pommes.

12-7
饗宴：その果物たちは傲慢だ、あなたのために自分たちがそこにいるのを知っているから。　1912年 (Pl. VII)
Le Festin. Ces fruits sont orgueilleux de se savoir pour vous.

12-8
白てんの毛皮：彼女の指は白てんに似ている。華奢な指にはめている指輪が逆立った毛のようで、罠にとらえられて戸惑う白てんそっくりだ。　1912年（Pl. Ⅷ）

Les Hermines. Ses doigts, si tant ses mains sont fines, / Et de bagues harassées, / Ressemblent à des hermines, / Dans des pièges embarrassées.

12-9
庭の階段で：彼女はふと足を止めた―まるで臆病な雌の野兎のように―、羽ばたきのようなものに気づいたと思ったから。人々の話声、色とりどりの服、それにさまざまな香水、そう、今夜の夜会そのものが彼女に恋しているのだ。　1912年 (Pl. IX)

Sur les Marches du Jardin. Elle s'est arrêtée – une hase inquiète – / Ayant cru percevoir comme un battement d'aile: / Colloques, couleurs, parfums, qui êtes, / Le Soir amoureux d'elle.

12-10
半開きのカーテン：あるいは、エレガントなもてなし。
1912年 (Pl. X)

Le Rideau qui s'écarte. Ou l'élégant accueil.

12-11
ペルシャの衣装：ポーズは決まって、目は褐色…そして、私はいっそカーネーションになりたい。　1912年 (Pl. XI)

L'habit Persan. La pose est hiératique, et l'œil est, / Bistré… et je voudrais bien être l'œillet.

12-12
仮装した人：こんな風に、クルリ、クルリ、クルリ、マリオネットたちは3回小さく回る、そして突然、消え去る。　1912年 (Pl. XII)

Travesti. Ainsi font, font, font, / Les marionnettes, trois petits tours et puis s'en vont.

13 『モード・エ・マニエール・ドージュルデュイ（今日のモードと着こなし）』
Modes et Manières d'Aujourd'hui, 1914-19

出版年：1921年

◆詳細については140ページ参照。創刊者のピエール・コラールが1914年11月に戦死したため、助手だったメニアルが戦時中の合併号1914-19年として、再びルパップに担当させて1921年に刊行した。第一次大戦後のルパップは、頭を極端に小さく描くスタイルに変化したが、この『モード・エ・マニエール・ドージュルデュイ』では戦前のスタイルを保っている。

13-1
1914年8月　1914年（Pl. I）
Août 1914

13-2
病院にて　1914年（Pl. II）
À l'Hopital

13-4
永久の別れ　1915年（Pl. IV）
Les Adieux

13-5
最愛の夫の不在　1916年（Pl. V）
Le Bien-Aimé Absent

13-6
レッスン　1916年（Pl. VI）
La Leçon

13-7
ノスタルジー　1917年（Pl. VII）
Nostalgie

1915 MODES ET MANIÈRES D'AUJOURD'HUI Pl. III

PERMISSIONNAIRE

13-3
休暇をもらった軍人　1915年（Pl. III）
Permissionnaire

13-8
雨月（プリュヴィオーズ）　1917年（Pl. Ⅷ）
Pluviose

13-9
空襲警報　1918年（Pl. Ⅸ）
L'Alerte

13-10
最後のとき（休戦協定締結の日）　1918年（Pl. Ⅹ）
La Onzième Heure

13-11
フォックストロット　1919年（Pl. Ⅺ）
Fox-Trot

1919 MODES ET MANIÈRES D'AUJOURD'HUI Pl. XII

LA VICTOIRE

13-12
勝利　1919年 (Pl. XII)
La Victoire

14 『ガゼット・デュ・ボン・トン―芸術、モード、アクセサリー』
Gazette du Bon Ton. Art, Modes et Frivolités

◆詳細については、マルティの項187ページ参照。ルパップはリュシアン・ヴォージェルと親しかったこともあり、創刊号から大車輪の活躍を見せた。とくに1913年、1914年の分は素晴らしいの一語に尽きる。この時期にルパップのモダンな才能が一気に開花したことがわかる。戦後も1920年から1921年にかけてはレベルが保たれているが、1925年に近づくとレベルが低下してくる。

14-2
倦怠：晩餐会のドレス、ポール・ポワレ作　1912年（No.1-Pl. Ⅷ）
Lassitude. Robe de dîner, de Paul Poiret.

14-3
ペネロペ：室内用ドレス　1912年（No.3-Pl. Ⅱ）
Pénélope. Robe d'intérieur.

14-4（左）
どれにしたらいいか分からない：ポール・ポワレの婦人用スーツ　1912年（No.3-Pl. Ⅵ）
L'Embarras du Choix. Costume tailleur de Paul Poiret.

14-5（右）
女性と操り人形：マリオネット　1913年2月（Pl. Ⅱ）
La Femme et les Pantins. Marionnettes.

GILLES

Grand manteau pour l'hiver

Gazette du Bon Ton   N° 1. — Pl. 1

14-1
ジル（張りぼて人形）：冬用の大きなコート　1912年（No.1-Pl. I）
Gilles. Grand manteau pour l'hiver.

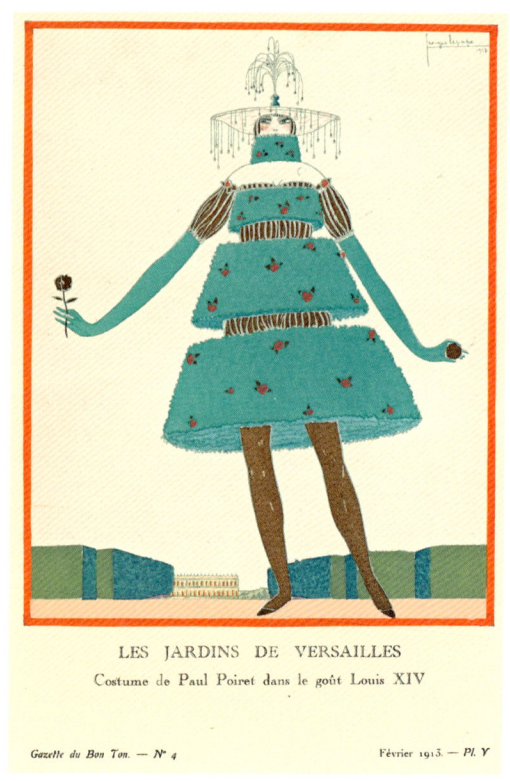

14-6
ヴェルサイユの庭園：ポール・ポワレの衣装、ルイ14世風　1913年2月（Pl. V）
Les Jardins de Versailles. Costume de Paul Poiret dans le goût Louis XIV.

14-7
日傘　1913年4月（Pl. III）
Des Ombrelles.

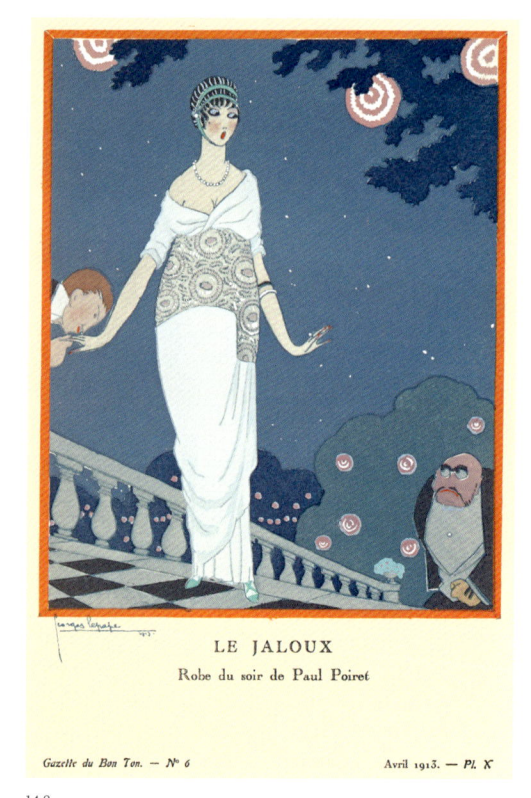

14-8
嫉妬深い男：ポール・ポワレのイブニングドレス　1913年4月（Pl. X）
Le Jaloux. Robe du soir de Paul Poiret.

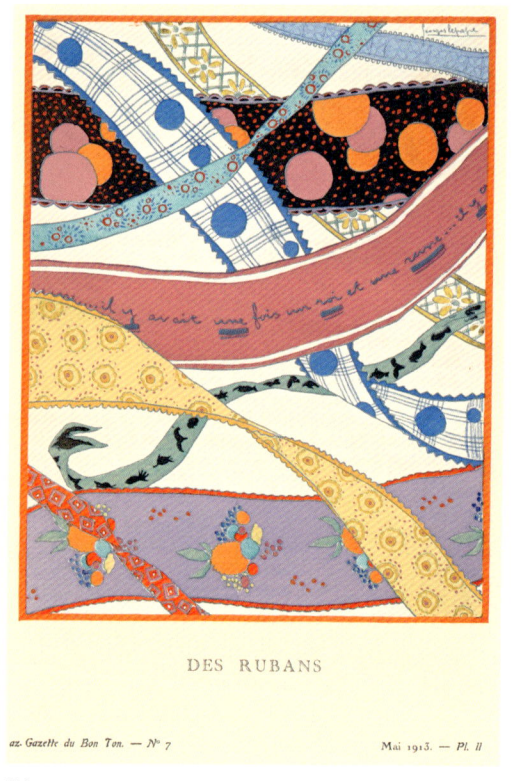

14-9
リボン　1913年5月（Pl. II）
Des Rubans.

14-10
レモン：ポール・ポワレの夏のドレス　1913年6月 (Pl. VIII)
Les Citrons. Robe d'été de Paul Poiret.

14-11
月の光を浴びながら：ポール・ポワレのイブニング・コート
1913年7月 (Pl. VII)
Au Clair de la Lune. Manteau du soir de Paul Poiret.

14-12
なんて暑いの：ポール・ポワレの夏の帽子　1913年8月 (Pl. VI)
Il fait trop chaud. Chapeau d'été de Paul Poiret.

14-13
ほら、夕立よ！：ポール・ポワレのアフタヌーンドレス
1920年7月 (Pl. 45)
Voici l'Orage! Robe d'après-midi, de Paul Poiret.

15 『フイエ・ダール』
Feuillets d'Art

出版年：第1期1919年5月〜1920年7月　第2期1921年9月〜1922年10月、出版元：フイエ・ダール事務所／パリ刊、編集：リュシアン・ヴォージェル、挿絵：マルタン、バルビエ、ルパップ、ラブルールなど、多数、複製技法：ポショワール、部数：1500部

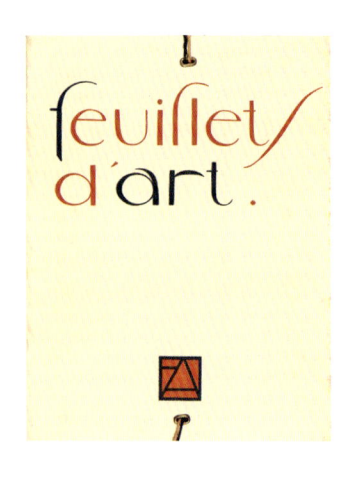

◆『ガゼット・デュ・ボン・トン』の編集長リュシアン・ヴォージェルが1919年5月に創刊した豪華な美術雑誌。『ガゼット・デュ・ボン・トン』の内容をファッション寄りから美術寄りに転換したものだが、モードが皆無なわけではなく、1920年7月まで続いた四つ折りサイズの第1期大型版にはバルビエのほか、ルパップ、マルタン、ベニートなどの『ガゼット・デュ・ボン・トン』の常連がファッション・プレートを提供している。1921年9月に復刊され、1922年10月まで続いた第2期小型版にはファッション・プレートはなく、内容もずっと美術寄りになっている。ルパップが提供しているイラストは1葉だけだが、これは戦後のルパップを代表する作品と見てさしつかえない。

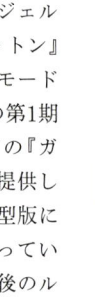

　鹿島茂コレクションにはアン・フーユ（未綴じ）のブロシェ（仮綴じ）版の完全セットが収蔵されている。

赤い鏡の女　1919年5月
Femme au Miroir Rouge

第7章　LEPAPE　定期刊行物・ポスター他

16『ヴォーグ』
Vogue

出版年：1892年 - 現在、出版元：アーサー・ボールドウィン・ターナー（1892-1909）、コンデ・ナスト（1909- 現在）、イラストレーター：ルパップ、マルティなど、多数、複製技法：カラー写真製版

◆1892年にアーサー・ボールドウィン・ターナーによってニューヨークで創刊されたアメリカの女性ファッション誌。現在も発行されており、ファッション界をリードする女性ファッション誌として知られている。1909年にターナーの死を受けてコンデ・モンローズ・ナストが経営を引き継いだときには休刊寸前の雑誌だったが、誌面の高級化で立ち直り、1910年代になるとイギリスから国外展開を始め、1920年代にはフランス版『ヴォーグ』誌も成功を収めた。ルパップとマルティは、すでに第一次大戦前からアメリカ版『ヴォーグ』にイラストを提供していたが、1920年代には毎号、表紙を飾る主力のイラストレーターとなった。ルパップは1926年からニューヨークに渡り、アメリカ版『ヴォーグ』の表紙を毎号のように飾った。

鹿島茂コレクションには、1919年4月号、1922年3月号、1923年9月号のバックナンバーが保存されている。

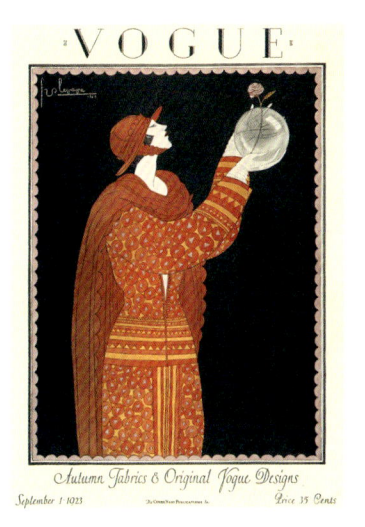

（左）
秋の新作およびヴォーグ・オリジナル・デザイン
1923年9月1日号
Autumn Fabrics & Original Vogue Designs,
　September 1.1923

（右）
大嵐の後で：パリ・オープニング・ナンバー
1919年4月1日号
Après la Tempête, Paris Openings Number,
April First 1919

17 出所不明のイラスト

◆何のために描かれたのかまったく不明のイラスト。1925年頃のものと思われる。内容から察して舞台衣装関係か？　ただし、板目木版の出来上がり具合は素晴らしく、制作者の力量が推測できる。鹿島茂コレクションには同じシリーズでルパップが4葉、マルタンが2葉所蔵されている。

18『私たちの洗礼』
Nos Baptêmes

◆カトリックの洗礼を受ける子供のために毎年制作されていたカードのようだが、詳細は不明。

優しく見つめる！
（No.968, Série 7）
Tendre contemplation!

19 ポスター『ファッション業界舞踏会　シャン・ゼリゼ劇場にて　2月14日土曜日』
Bal de la Couture au Théâtre des Champs-Élysées, Samedi 14 Février

◆アール・デコのイラストレーターは思いのほか、ポスターを制作していない。ルパップはその中では数があるほうだが、サイズが大きいのは、このポスターのほか数点しかない。1925年の2月14日開催予定のパリのファッション業界主催の舞踏会への参加を呼びかけたもので、前年の1924年に制作された。

ポスター『ファッション業界舞踏会：シャン・ゼリゼ劇場にて　2月14日土曜日』
Bal de la Couture au Théâtre des Champs-Élysées, Samedi 14 Février

第8章 LEPAPE 挿絵本

20『青い鳥―夢幻劇―』
L'Oiseau Bleu

出版年：1925年、著：モーリス・メーテルランク、出版元：ル・リーヴル書店／パリ刊、挿絵：ルパップ、挿絵技法：ポショワール・水彩、ポショワール：ジャン・ソデ、部数及び紙：460部（非売品含む）［内訳10部（局紙、1～10までの番号。ワットマン紙の水彩画のスュイット1部が付いている）、25部（ワットマン紙、11～35までの番号。ヴェラン紙の水彩画のスュイット（別刷り）1部が付いている）、400部（アルシュ・ヴェラン紙、36～435までの番号）、そして非売品の25部（ディヴェール紙、I～XXVまでの番号）］

◆ルパップによるオリジナル水彩画14点をジャン・ソデのポショワールで起こしたルパップ唯一の傑作挿絵本。というのも、ルパップは1920年代にはほとんど挿絵本を手掛けず、また1930年代以降に挿絵本を多く出すようになったときには、すでに画力が低下していたため、言及するに値するものがほとんどないからである。

　『青い鳥』制作のきっかけは、モガドール劇場で上演予定の同名の戯曲の舞台衣装を演出家コーラ・ラパルスリの要請で1923年に制作したこと。この舞台衣装61点は、1927年に同じくル・リーヴル書店から『モーリス・メーテルランク『青い鳥』の舞台装置と衣装』と題して出版されている。鹿島茂コレクションには革装版No.377が所蔵されている。

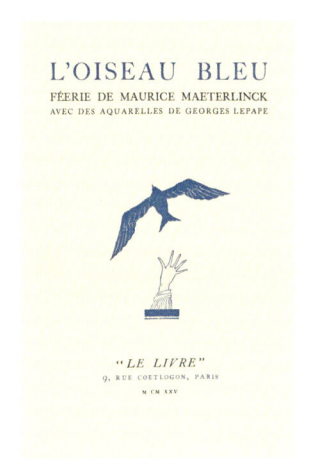

21『アルフレッド・ド・ミュッセ作品全集』
Œuvres Complètes, Alfred de Musset

出版年：1937年（MONOD本では1938-39年）、著：アルフレッド・ド・ミュッセ、出版元：ルヴァスール書店／パリ刊、挿絵：ルパップ、挿絵技法：エングレーヴィング、図版数：計144葉（別丁図版）、部数及び紙：2820部（MONOD本では限定3030部）［内訳：1部（局紙、1の番号。制作者の献辞入り。ルパップの水彩原画6葉、採用されなかった水彩画6葉、144葉のモノクロのスュイット1部）、69部（局紙、制作者のサイン入り。2～70までの番号。ルパップのオリジナル水彩原画2葉、144葉の彩色のスュイット1部、144葉のモノクロのスュイット1部）、500部（ヴァン・ゲルダー・ゾーネン・オランダ紙、71～570までの番号）、2250部（リーヴ・ヴェラン紙、571～2820までの番号）］

◆ルパップ、マルタン、マルティともに『ミュッセ全集』に挿絵を描いているが、ルパップはすでにスタイルが変化したあとなので、あまり良い出来ではない。しかし、戦後の挿絵本に比べればまだましである。鹿島茂コレクションには函入りのブロシェ版No.253が所蔵されている。

シャルル・マルタン
CHARLES MARTIN
(1884-1934)

　1884年、南仏の古都モンペリエに生まれ、同地の美術学校で学んだ後、パリに出てアカデミー・ジュリアンとエコール・デ・ボザールのコルモン教室に通う。コルモン教室で知り合ったルパップ、マルティ、ブリソー、ベルナール・ブテ・ド・モンヴェルらと交際するうち、イラストレーションの魅力に目覚め、キュビスムやロシア構成主義の影響を受けた大胆な構図とデフォルメのスタイルで、1907年から『リール』『ル・スーリール』『ラ・ヴィ・パリジェンヌ』などにイラストを提供する。コルモン教室の仲間では最もプロ・デビューが早かった一人である。1912年創刊の『ジュルナル・デ・ダム・エ・デ・モード』ではブテ・ド・モンヴェルとともに主力イラストレーターとなり活躍するが、雑誌のコンセプトが保守的だったためマルタンの本領は発揮されずに終わる。マルタンの才能が全開となったのは、なんといっても、『モード・エ・マニエール・ドージュルデュイ』の1913年分を担当したときである。モード・イラストレーションという制約に囚われることなく大胆に、伸びやかに筆を運んでいるからだ。

　『ガゼット・デュ・ボン・トン』でも、マルタンの魅力は十分に発揮されているが、その真の才能はファッション・プレートよりもむしろ、テクストを飾っているヴィネットや広告ページのイラストにある。優れて装飾的な画家であるマルタンの持ち味が十分に発揮されている。1914年にリュシアン・ヴォージェルがマルタンの才能を生かすべく、エリック・サティとのコラボレーションによる版画集『スポーツと気晴らし』は代表作だが、真にマルタンらしいのは、第一次世界大戦の苛酷な体験を描いた画文集『植木鉢の下で』である。ここでマルタンはファイン・アートに最も接近している。しかし、あまりにも多彩なマルタンの才能が彼を一カ所に止めることを許さなかったらしく、マルタンは家具や壁紙、舞台美術や衣装などのデザインも手掛けたが、最も得意としたのはコマーシャル・イラストレーションで、『ワイン閣下、酒飲み術』は日本のワイン通のあいだではよく知られたアイコンである。

　1932年にジョルジュ・バルビエが50歳で世を去ると、それを追うようにマルタンも同じ50歳で永眠した。これにより、アール・デコの黄金時代は、事実上、終焉したのである。

第9章　MARTIN　ファッション・プレート

22 『マルセル・ドゥメイ帽子店の1912年のモード』
La Mode en Mil Neuf Cent Douze chez Marcelle Demay

出版年：1912年、出版元：マルセル・ドゥメイ婦人帽子店／パリ刊、制作：ドレジェール兄弟社／パリ、文：アルフレッド・キャプヴス、イラストレーター：シャルル・マルタン、複製技法：ポショワールと写真製版

◆パリにある婦人用の高級帽子店、マダム・マルセル・ドゥメイによって出版された1912年の帽子のモードを紹介した贅沢な仕様のカタログ。恐らく、特別な顧客にのみ配布されたものと思われる。凝った作りになっており、マルタンによって描かれた鮮やかな色彩の帽子の挿絵のページと、その挿絵と同じデザインの帽子を着用した女性の写真を貼りつけたページが交互に配置されている。この構成によって、顧客は帽子のデザインと色を挿絵によって知り、それを着用したときの様子をモデル着用の写真によって知ることができるのである。ちなみに、この写真でモデルを務めているのは、コメディ・フランセーズの女優、ベルト・セルニーである。

　鹿島茂コレクションには、このカタログ1部が完品で収蔵されている。

23 『ジュルナル・デ・ダム・エ・デ・モード』
Journal des Dames et des Modes

出版年：1912-14年、出版元：ジュルナル・デ・ダム・エ・デ・モード事務所／パリ刊、イラストレーター：マルタン、バルビエ、ブテ・ド・モンヴェルなど、多数、複製技法：ポショワール、部数：79冊子を5巻本に分冊／限定1279部、紙：1279部のうち、5部は静岡鳥の子紙（別刷3セット）、12部は局紙（別刷2セット）、12部は局紙（別刷1セット）、1250部はオランダ紙。　図版：別丁カラー図版186葉（うち2葉、番号なし）

◆時代の美意識を19世紀的な装飾性から20世紀的な機能美へと転換させる先兵の役割を果たした重要なモード雑誌。タイトルは18世紀末にピエール・ラ・メザンジェールによって創刊されたモード誌の嚆矢『ジュルナル・デ・ダム・エ・デ・モード』からの借用である。この歴史的モード誌からヒントを得て、19世紀末に衰退していたモード誌を甦らせたのが、20世紀版『ジュルナル・デ・ダム・エ・デ・モード』である。

　創刊者は、イタリアの詩人・小説家ダヌンツィオの秘書としてこの時期にパリに滞在していたトマッソ・アントンジーニ（筆名トム・アントンジーニ）。研ぎ澄まされた趣味人で愛書家だったアントンジーニはパリの古書店ないしは愛書家の家で『ジュルナル・デ・ダム・エ・デ・モード』を発見して、その素晴らしさに打たれ、同じコンセプトの20世紀バージョンを創刊したいという願望に駆られたらしい。そこで、愛書家の作家アナトール・フランスに序文を仰ぎ、1912年6月1日に創刊にこぎつけたのだが、アントンジーニには新しい20世紀ファッションをクリエイトするという野心はなかったらしく、当初は、前時代のイラストレーターが描くアール・ヌーヴォー風のモード画が中心だった。ところが、ライバル誌の『ガゼット・デュ・ボン・トン』が同年の11月に創刊されると、編集方針を変更し、ジョルジュ・バルビエ、シャルル・マルタン、ベルナール・ブテ・ド・モンヴェルなど新しい時代のイラストレーターを起用して、モダンな雑誌への切り替えに成功する。第一次世界大戦の勃発により、1914年8月1日号を最後に休刊するまで、わずか2年余りという短命な発行期間だったにもかかわらず、モード史における革新者としての役割は巨大である。毎号、「パリの衣装」と題して雑誌を飾ったファッション・プレートはジャン・ソデのポショワールによる鮮やかな色彩で自由闊達な女性たちを表現している。

　ちなみに、ジョルジュ・ルパップとアンドレ・É・マルティはこの雑誌にはイラストを提供していない。「アール・デコ四天王」ではバルビエとマルタンがその華麗なイラストレーションを競っているが、モダンなマルタンよりも、エレガントなバルビエの方がこの雑誌には向いていたようだ。

　鹿島茂コレクションには、バラでシャルル・マルタンが8葉、バルビエが16葉、ブテ・ド・モンヴェルが3葉、ブロックが1葉、ヴァレが1葉、ヴェグネーが2葉の計31葉および雑誌の分冊52、55、64、72号が収蔵されている。

23-1
パリの衣装：パール模様のイギリス刺繍の高フリル付きリネルローンのドレス、白と黒の靴　1912年（5）
Costumes Parisiens. Robe de linon à haut volant de broderie anglaise perle souliers noir et blanc.

23-2
パリの衣装：マダム・マルセル・ドゥメイのニュー・モデル。今シーズンの帽子。1.イタリア麦わら帽、ビロードの縁、フウチョウの羽根飾り。2.サテンのトック帽（つばなしの小型の婦人帽）、クジャクの羽根飾り。3.白いマニラ帽、バラと葉の飾り。4.イタリア麦わら帽、野花の飾り。5.白いチュール帽、バラと渦巻きの飾り。6.白いフエルト帽、スウェード皮の飾り。7.イタリア麦わら帽、オストリッチの羽根飾り。8.パナマ帽、印刷されたモスリンの飾り。9.白いクレープ・クレペ（毛羽立てされた縮緬）帽、フウチョウの羽根飾り。10.モスリン帽、オストリッチとバラの飾り　1912年（12）
Costumes Parisiens. Modèles de Mme Marcelle Demay. Chapeaux de saison: 1. en paille d'Italie, passe velours, garni paradis; 2. toque de satin garni d'aigrettes; 3. en tagal blanc, garni roses et feuillage; 4. en paille d'Italie, fleurs des champs; 5. en tulle blanc, roses et crosse; 6. en feutre blanc garni peau de suède; 7. en paille d'Italie, couteaux autruche; 8. panama et mousseline imprimée; 9. en crêpe crêpé blanc, garni paradis; 10. en mousseline garni autruches et roses.

23-3
パリの衣装：刺繍され着色された白いクレープ（縮緬）のスリムスカート、ビロードのブラウス、エメラルド、ひなげし色のブローチ、真珠のベルト　1912年（20）
Costumes Parisiens. Fourreau crêpe blanc brodé et peint. Blouse velours émeraude broché ponceau. Ceinture de perles.

23-4
パリの衣装：朝の部屋着　1913年（45）
Costumes Parisiens. Déshabillé du matin.

23-5
パリの衣装：中国クレープ（縮緬）のスリムスカート、刺繍されたサテンの上着、リネルローンのショール　1913年（67）
Costumes Parisiens. Fourreau de crêpe de Chine-Veste de satin brodée à châle de linon.

23-6
パリの衣装：新作燕尾服、クリエグック作　1913年（86）
Costumes Parisiens. Habit nouveau par Kriegck.

24 『モード・エ・マニエール・ドージュルデュイ（今日のモードと着こなし）』
Modes et Manières d'Aujourd'hui, 1913

出版年：1913年

◆詳細については、ルパップの項140ページ参照。

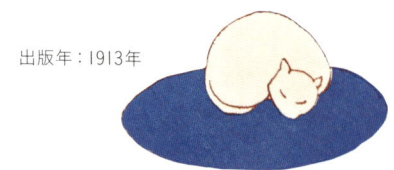

24-1
貴婦人とオウムの会話：捕まえるべきかしら、それともやめたほうがいいしら？
女というのは、どう出るか予想がつかないから困る！　1913年（Pl.Ⅰ）
La Dame et le Perroquet. Dois-je prendre ou ne pas prendre?...
Avec les femmes sait-on jamais!...

4-2
雪：ひらひら舞う雪片よ、いつになったら、私たちの鼻先に襲いかかるのをやめてくれるのかしら！　1913年（Pl. II）
La Neige. Quand aurez-vous fini, flocons qui floconnez,
D'assaillir, sans façon, le bout de notre nez!

24-4
ミュール（婦人用スリッパ）：こんなふうに、生け垣沿いに小ヤギは踊る。
1913年（Pl. IV）
La Mule. Ainsi le long des haies dansent les chevreaux.

24-11
さくらんぼう：美しい私の果樹園の中で、ふと装身具を身につけたくなっても、そこには自然という宝石商がいるからご安心。　1913年（Pl. XI）
Les Cerises. Dans mon beau verger, / S'il me plaît d'aventure, / De me parer, j'ai, / Le bijoutier de la nature.

24-9
歩道橋：赤い漆の橋は、彼女のために花々を身に纏う。　1913年 (Pl. IX)
La Passerelle. Le pont de laque rouge s'est mis des fleurs pour elle.

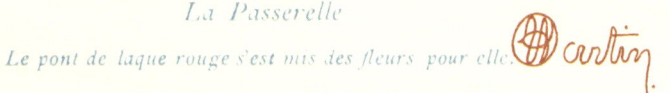

24-5
入浴：指輪を外しただけで、女はもう裸。　1913年（Pl. V）
Le Bain. Une femme n'est nue que sans ses bagues.

24-12
音楽：この選びぬかれた官能的な背景の中で、彼女は夕食前に、クロード・ドビュッシーを演奏してくれる。　1913年（Pl. XII）
La Musique. Parmi la volupté de ce décor choisi, / Elle joue, avant dîner, du Claude Debussy.

24-7
貴婦人と子供：さぁ、いらっしゃい！　また、あなたのお父さんにしかられるから！　1913年 (Pl. VII)

La Dame et l'Enfant. Allons, viens!...Ton père va nous gronder encore!...

24-8
ホタル：退屈し、彼女は砂浜に足を向けたが、夜空の星の子供のようなホタルの群れは、彼女を楽しませようと、夜空に光輪を描いてみせた。　1913年 (Pl. VIII)

Les Lucioles. Sur la grève ou ses pas ont conduit son ennui, / Pour l'amuser les lucioles, / Qui sont les enfants des etoiles de la nuit, / Lui dessinent une auréole.

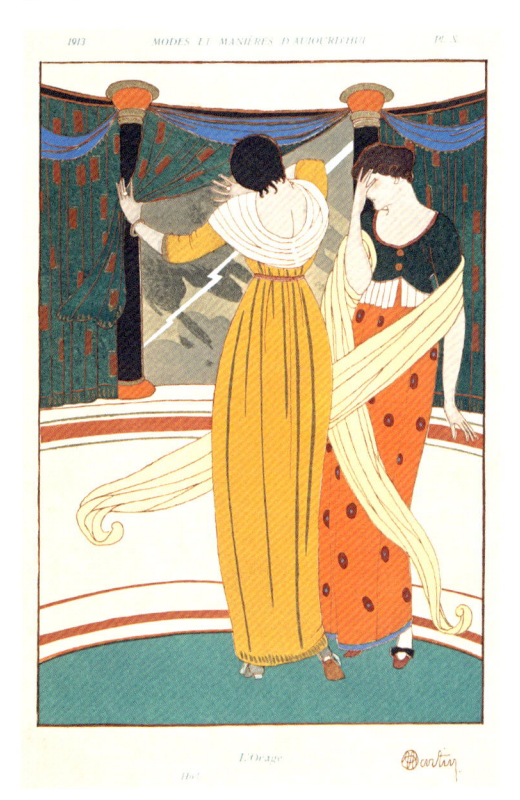

24-10
雷雨：まぁ！　1913年 (Pl. X)

L'Orage. Ho!

24-6
狩りからの帰宅：マダム、どうしてそんなに悲しそうなんですか？　この七面鳥、あなたの手にかかって、立派な最後を遂げたのに。
1913年 (Pl. VI)

Le Retour de la Chasse. Pourquoi, Madame, avoir cet air tragique? Ce dindon, par vos mains, eut un sort magnifique.

25 『ガゼット・デュ・ボン・トン――芸術、モード、アクセサリー』
Gazette du Bon Ton. Art, Modes et Frivolités

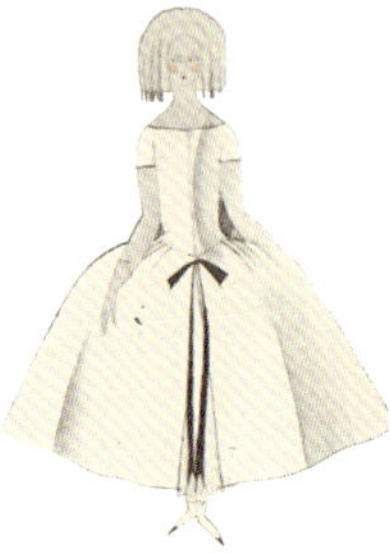

◆詳細については、マルティの項187ページ参照。

25-5
トルカートの恋人たち　1921年 (Pl. 34)
Les Amants de Torquate.

25-6
カントリー・ガール　1921年 (Pl. 51)
The Country Girl.

25-7
スペイン王女の庭：イブニングドレス、ポール・ポワレ作
1921年 (Pl. 52)
Le Jardin de l'Infante. Robe du soir, de Paul Poiret.

25-8
庭のバラ：ドレス、ジャンヌ・ランバン作　1922年 (Pl. 55)
La Rose du Jardin. Robes, de Jeanne Lanvin.

25-1
鳥籠女：奇抜な服装、パカン作　1913年2月 (Pl. IV)
La Volière. Costume de fantaisie par Paquin.

25-2
で、これが私のハートなの…：セイロン製ヴェールの夏用ドレス、ロディエ作　1920年4月 (Pl. 18)
Et Puis Voici Mon Cœur... Robe d'été en voile de Ceylan de Rodier.

25-3
麗しのトルカート女　1920年5月 (Pl. 25)
La Belle Torquatienne.

25-4
知り合い：スポーツ観戦用マント、ポール・ポワレ作　1921年 (Pl. 6)
Relation. Manteau de sports, de Paul Poiret.

26 『フイエ・ダール』
Feuillets d'Art

◆詳細については、ルパップの項154ページ参照。マルタンは第1期に2葉のイラストを提供している。

26-1
（ボート乗り）おーい、こっち！　1919年5月
Ohé du Bateau!

26-2
ボックス席　1919年8月
Loge

第10章　MARTIN　定期刊行物

27『ル・スーリール』
Le Sourire

出版年：1899-1936年（?）、出版元：『ル・スーリール』事務所、発行人：モーリス・メリー、編集長：アルフォンス・アレ（いずれも創刊時）、イラストレーター：シャルル・マルタン、ルービーユ、カピエロ、エルマン＝ポール、モーリス・ラディゲなど、複製技法：多色刷石版・カラー写真製版

◆男性向けの絵入り雑誌としてヒットした『リール』に対抗するために、モーリス・メリーが、『シャ・ノワール』の中心作家アルフォンス・アレを編集長として創刊した同趣向の雑誌。シャルル・マルタンは1909年の後半からイラストの提供を始め、その大胆な省略とデフォルメによる個性的なイラストで誌面を飾った。最も初期のマルタンの自由闊達な表現を見ることができる。

　鹿島茂コレクションは、1899年の創刊号から1913年までの号を合本にした揃いが所蔵されている。展示品はシャルル・マルタンのイラストレーションを含む1909年および1910年分の合本バックナンバー。

1910年5月7日号 　　　　　　　　　　　　　　　　1910年12月8日号

1910年3月26日号 　　　　　　　　　　　　　　　1910年4月16日号

28 『ラ・ヴィ・パリジェンヌ』
La Vie Parisienne

出版年：1863-1930年代、出版元：ラ・ヴィ・パリジェンヌ事務所／パリ刊、創刊者：マルスラン、イラストレーター：マルタン、バルビエなど、多数、複製技法：多色刷石版・写真製版

◆『ラ・ヴィ・パリジェンヌ』は第二帝政下の1863年、『ジュルナル・アミュザン』のイラストレーターだったマルスランが創刊した絵入り新聞。1910年代初めから、キルヒナーやレオネックなど新しいテイストのイラストレーターを起用し、モダンなエロティシズムを売りにして部数を伸ばした。第一次世界大戦の勃発で、雑誌が次々に休刊となる中、『ラ・ヴィ・パリジェンヌ』は逆に部数を伸ばした。戦場に送られてエロスと切り離された生活を送る将兵にとって、グラフィックな男性誌紙はかっこうの慰安になったからである。そのため、出版社・新聞社が我も我もと新たにエロス市場に参入したことから、大戦の最中だというのに、男性ジャーナリズムでは時ならぬエロスの戦争が勃発したのである。

1914年 　　　　　　　　1913年12月6日号

鹿島茂コレクションには『ラ・ヴィ・パリジェンヌ』の合本が1910年から20年にかけて収蔵されているが、今回は、シャルル・マルタンがイラストを提供している1911年12月号、1912年1月号、1913年2月～5月号・11月号・12月号、1914年1月号・3月号～5月号にかけてのバックナンバーを展示している。

29 『ファンタジオ』
Fantasio

出版年：1906-19年、出版元：ファンタジオ事務所／パリ刊、創刊者：フェリックス・ジュヴァン、挿絵画家：マルタン、バルビエなど、多数、複製技法：カラー写真製版

◆『ファンタジオ』は『ラ・ヴィ・パリジェンヌ』のライバル誌として1906年に創刊された男性誌。戦時中はフェリックス・ジュヴァン編集長のもと、「将兵慰安」の名目でお色気路線を突っ走った。なお、この雑誌は、戦時中もヴォルフ通信社を介してドイツでも販売されていたらしく、ベルリン事務所の住所が記されている。鉄条網と塹壕を挟んで、独仏両軍の将兵に愛読されていたのかもしれない。

鹿島茂コレクションには『ファンタジオ』の1914年～19年の合本が収蔵されているが、今回はマルタンがイラストを提供している1919年4月～7月号・9月号・11月号のバックナンバーを展示している。

1919年4月15日号　　　　1919年11月15日号

第11章　MARTIN　挿絵本

30『植木鉢の下で』
Sous les Pots de Fleurs

出版年：1917年、著：シャルル・マルタン、序文：ピエール・マッコルラン、出版元：ジュール・メニアル書店／パリ刊、イラストレーター：マルタン、挿絵技法：写真製版、部数及び紙：300部、全てヴェラン紙

◆「芸術家シャルル・マルタン」の代表作。第一次大戦に従軍したマルタンは塹壕戦の悲惨さと不条理を体験し、それを独特のユーモア感覚で15葉のイラストに表現した。地雷原も、手榴弾の投擲も、敵の砲弾の弾着も、狙撃兵も、突撃も、すべて芸術的な感性を通して捉えられているために、いっそう、その不気味さと不条理が実感できる仕組みとなっている。華やかなモード・イラストレーターの裏に、こうした強い反戦主義者マルタンがいることを忘れてはならない。第一次大戦が生み出した最高の反戦芸術の一つ。出版元のメニアルは、『モード・エ・マニエール・ドージュルデュイ』や初期バルビエの傑作を世に出したピエール・コラールの戦死によりその遺志をついだ助手。親友のピエール・マッコルランが序文を寄せているが、イラストに添えられた韻文のテクストはマルタン自身のものである。「植木鉢」とは塹壕の土嚢のことか？
鹿島茂コレクションには完全セットが所蔵されている。

花になった負傷兵
Le Bled en Fleur.

交代要員
La Relève...

砲弾が落ちるまでの間
En Attendant qu'enfin la Marmite Tombe.

かわいそうな奴！
Pauvre Bougre !

ふさぎの虫
Le Cafard.

名誉の負傷
La Fine Blessure.

ノック・アウト!!!
Knock-Out !!!

31 『スポーツと気晴らし』
Sports & Divertissements

出版年：1914年（実際には1919年出版）、楽譜：エリック・サティ、出版元：リュシアン・ヴォージェル／パリ刊、イラストレーター：マルタン、挿絵技法：エングレーヴィング・ポショワール、ポショワール技師：ジャン・ソデ、図版数：計20葉（彩色図版）、部数及び紙：900部［内訳：全てオランダ紙、10部（メニアル書店用、1～10までの番号、20葉の版画スュイット（別刷り）1部が含まれている）、215部（11～225までの番号）、675部（口絵の版画1葉のみ、226～900までの番号）］

◆シャルル・マルタンの代表作で、アール・デコの本でマルタンが紹介されるときには必ず、この作品が言及の対象となる。イラストレーターの個性に対して優れた識別力をもっていたリュシアン・ヴォージェルはマルタンの特質はムーブメントとスピードにあると見て、バブル時代のスポーツとレジャーを大画面で表現させることにしたが、それにはどうしてもスピード感あふれる音楽とのコラボレーションがベストであると判断、当初、「火の鳥」のストラヴィンスキーに白羽の矢を立てたが、ギャラの点で折り合わなかったため、あらためてエリック・サティに作曲を依頼したところ、サティはこれを快諾。ここにピアノとイラストレーションのコラボレーションという類を見ない企画が実現したのである。

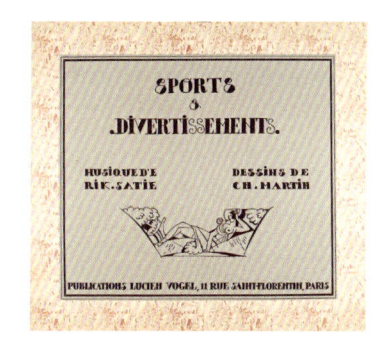

出版に当たっては、全20曲のすべてのイラストレーション20葉と楽譜を含む完全バージョンが215部。20曲の楽譜に1枚だけのイラストレーションを口絵に含む普通バージョンが675部制作された。

鹿島茂コレクションには完全バージョン（No.39）と口絵バージョンがともに1部ずつ収蔵されている。今回は、完全バージョンを展示。

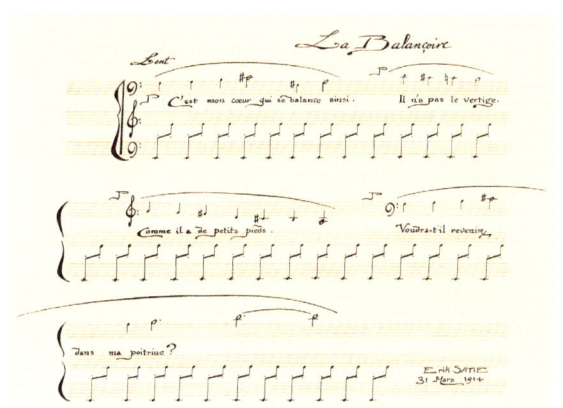

「ブランコ」の楽譜

ブランコ
Balançoire

狩り
La Chasse

イタリア喜劇
Comédie Italienne

LA MARIÉE.

花嫁
La Mariée

YACHTING.

ヨット遊び
Yachting

BAIN DE MER.

海水浴
Bain de Mer

カーニヴァル
Le Carnaval

ゴルフ
Le Golf

蛸
La Pieuvre

177

ウォーター・シュート
Water Chute

タンゴ
Le Tango

そり
Traîneau

恋のかけひき
Flirt

花火
Feu d'Artifice

テニス
Le Tennis

32 『貴社の栄光と商品の高品質に常に配慮せよ！
瑕瑾（かきん）なければ、貴社の利益は社会全体の利益となるにちがいない』

Soignez la Gloire de Votre Firme et l'Excellence de Vos Marchandises, Car, si Vous les Jugez Bonnes, Votre Intérêt Devient l'Intérêt Général.

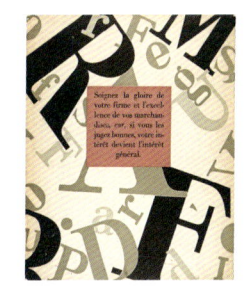

出版年：1924年、著：ジャン・コクトー、出版元：ドレジェール兄弟社／パリ刊、イラストレーター：マルタン、挿絵技法：写真製版

◆グラフィック・アート産業を賛美するために制作されたカタログ。序文をジャン・コクトーに依頼し、写真製版による高級なグラフィック・アートの作品が完成するまでの過程をマルタンが11葉の大判の用紙にユーモアをこめて描いている。制作は、この分野における第一人者であるドレジェール兄弟社。タイポグラフィの面白さを存分に味わえる傑作である。マルタンの持ち味が存分に発揮されている。

鹿島茂コレクションには完全セットが所蔵されている。

広告代理店
Le Publiciste

コピーライター
Le Littérateur

デザイナー
Le Dessinateur

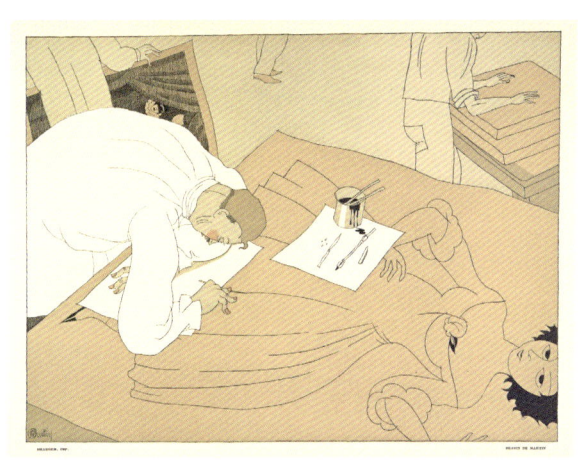

石版工
Le Lithographe

彫師
Le Graveur

写真製版工
Le Photograveur

校正刷り
Le Tireur d'Épreuves

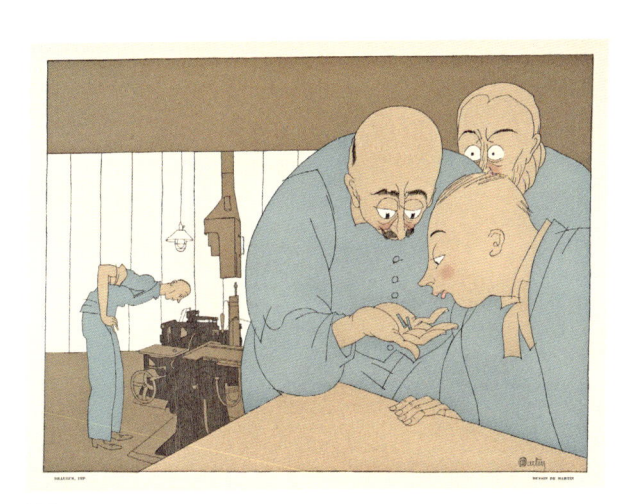

植字工
Le Fondeur

印刷工
L'Imprimeur

印刷機
La Machine

クライアント
Le Client

181

33 『ティト・バッシのヒロイックな幻影』
L'Illusion Héroïque de Tito Bassi

出版年：1925年、著：アンリ・ド・レニエ、出版元：ラ・ロズレ社／パリ刊、イラストレーター：マルタン、挿絵技法：カラー・アクアチント、図版数：16葉、部数：291部［内訳：①91部は全て4つ折判、正方形《91部の内訳：16部（古局紙、1～16までの番号）、30部（局紙、17～46までの番号）、45部（アルシュ・ヴェラン紙、47～91までの番号）》、②200部は全て4つ折判、リーヴ製ヴェラン紙、92～291までの番号］

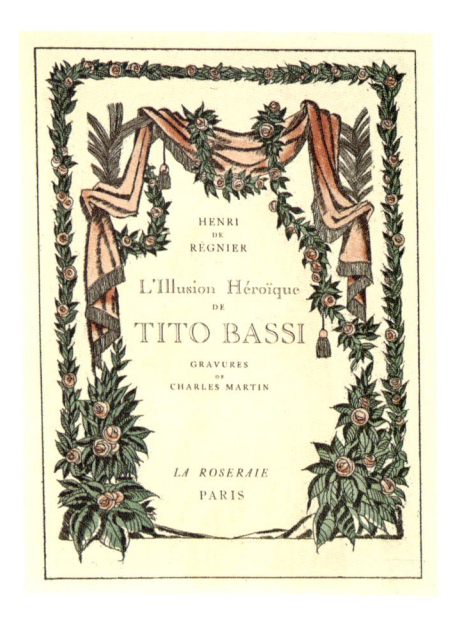

◆マルタンは1925年に『ガゼット・デュ・ボン・トン』が休刊になると、挿絵本に進出し、いくつかの傑作をつくったが、いずれも発行部数が300部以内なので、価格は数十万円はする。この『ティト・バッシのヒロイックな幻影』もその一つで、マルタンは18世紀末のスペインを舞台にしたアンリ・ド・レニエの小説を自由奔放なタッチで描いている。この作品には、マルタンのもう一つの特徴であるエロティシズムもあらわれており、それも見所の一つ。

鹿島茂コレクションにはブロシェ（仮綴じ）版のNo.118が所蔵されている。

34 『アルフレッド・ド・ミュッセ作品全集』
Œuvres Complètes, Alfred de Musset

出版年：1925-29年、全10巻、著：アルフレッド・ド・ミュッセ、出版元：リブレリ・ド・フランス／パリ刊、イラストレーター：マルタン、挿絵技法：写真製版、図版数：計150葉、部数：630部［内訳：10部（局紙12葉の原画につき）、20部（オランダ紙）、600部（ヴェラン・ラフューマ）］

◆「アール・デコ四天王」のうち、バルビエを除く3人が『ミュッセ全集』を手掛けているが、そのうちでマルタンが一番早い。全10巻で書簡までを含む全集ではあるが、予算面で余裕がなかったのか、すべての図版がカラーではなく白黒も混じる。そのせいか、マルタンのイラストはいまひとつ精彩がない。

鹿島茂コレクションには革装丁の全10巻が所蔵されている。

35 『ワイン閣下、酒飲み術 準備し、給仕し、飲む』
Monseigneur le Vin – L'Art de Boire, Préparer, Servir, Boire

出版年：1927年、著：ルイ・フォレ、出版元：ニコラ社／パリ刊、イラストレーター：マルタン、技法：写真製版、図版数：ヴィニェット多数と章末カット、9葉のフル・ページ挿絵、8葉の貼り付け図版

◆酒類販売の大手チェーンであるニコラが高級ワイン普及のために1924年から1927年にかけて発行していた冊子形式の出版物『ワイン閣下』は第1巻『ワインの歴史』(1924年、イラスト：マルセル・ジャンジャン)、第2巻『ボルドー・ワイン』(1925年、イラスト：ピエール・リサック)、第3巻『ブルゴーニュ・ワイン』(1926年、イラスト：アルマン・ヴァレ)、第4巻『アンジュー、トゥレーヌ、アルザス、シャンパーニュ、その他』(1927年、イラスト：カルージュ)、第5巻『酒飲み術 準備し、給仕し、飲む』(1927年、イラスト：マルタン)からなっていた。テクストは4巻までをジョルジュ・モントルグーユが、5巻だけをルイ・フォレが担当している。印刷物ではあるが、高級なカラー印刷専門のドレジェール兄弟社が印刷を担当しているだけあって、その出来上がりは素晴らしく、ポショワールと見分けがつかないほどである。とはいえ、傑作と呼べるのはマルタンがイラストを提供した第5巻のみである。マルタンの省略とデフォルメと強調のスタイルが遺憾なく発揮された作品である。

鹿島茂コレクションには、第5巻のみが2冊所蔵されている。今回は装丁を解いた版を展示。

ワイン通
Le buveur civilisé

栓を抜く
Déboucher

栓を嗅ぐ
Sentir le bouchon

Verser lentement

ゆっくりと注ぐ
Verser lentement

Préparation mentale

精神統一
Préparation mentale

Plaisir du nez

鼻で楽しむ
Plaisir du nez

L'appréciation

味わう
L'appréciation

36 『ブランブル大佐の沈黙』
Les Silences de Colonel Blamble

出版年：1929年、著：アンドレ・モーロワ、出版元：エディション・デュ・ノール／ブリュッセル刊、イラストレーター：マルタン、技法：写真製版、図版数：多数、部数：1076部、紙：ヴェラン・ピュール・フィル・アリューラ

◆マルタンは晩年に至って、発行部数が1000部を超える普及版の挿絵本も手掛けるようになった。ベルギーのエディション・デュ・ノール社が第一次大戦の戦争文学を網羅した挿絵本の双書「文学の栄光」に入った2冊は比較的安価で手に入るマルタンの挿絵本である。『ブランブル大佐の沈黙』は第一次大戦で連絡将校としてイギリス軍に勤務した経験を元にモーロワが描いたイギリス人の「生活と意見」で、同じく従軍経験を持つマルティには親しみやすかったのだろう。カラーの写真製版とはいえ、質の高い挿絵本に仕上がっている。

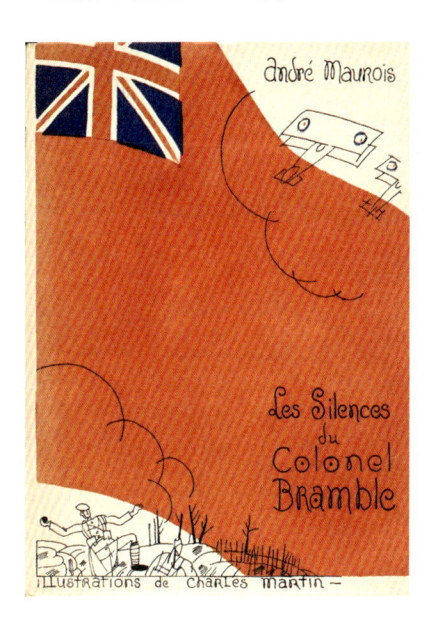

37 『オグラディ博士の演説』
Le Discours du Docteur O'Grady

出版年：1932年、著：アンドレ・モーロワ、出版元：エディション・デュ・ノール／ブリュッセル刊、イラストレーター：マルタン、技法：写真製版、図版数：多数、部数：1115部［内訳：75部（オランダ紙、シナ紙に刷ったカラーと白黒のスュイットを1組ずつ）、1040部（ヴェラン・アリューラ）］

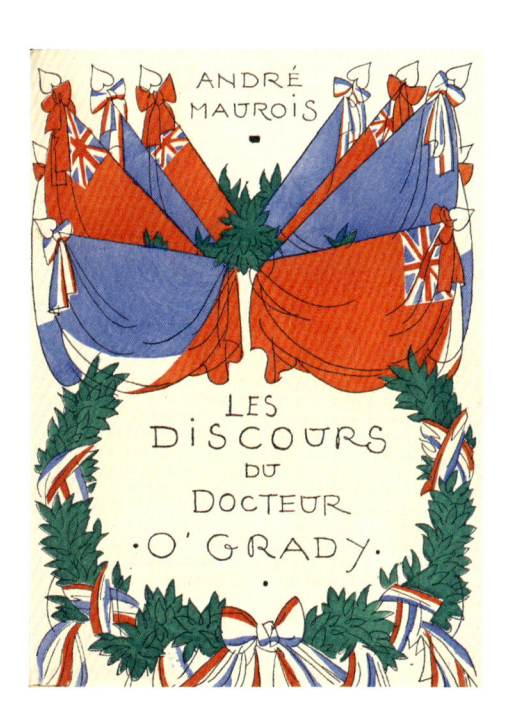

◆ベルギーのエディション・デュ・ノール社が手掛けた「文学の栄光」双書の16冊目。アンドレ・モーロワの第一次大戦ものの一つ『オグラディ博士の演説』は『ブランブル大佐の沈黙』の続編で、今度は同じ部隊の軍医オグラディ博士の「生活と意見」である。

マルタンのイラストは前作同様、快調で、イギリス的ユーモアを巧みに表現している。

アンドレ・エドゥアール・マルティ
ANDRÉ ÉDOUARD MARTY
(1882-1974)

　1882年4月16日、パリに生まれる。パリ大学文学部で哲学の学位を修得したが、ベルナール・ブテ・ド・モンヴェルの父親モーリス・ブテ・ド・モンヴェルが開いていた画塾で学び、エコール・デ・ボザールに入学しなおす。コルモン教室でルパップ、マルタン、ベルナール・ブテ・ド・モンヴェル、ブリソーらと知り合い、イラストレーションの道に入る。デビューは『コメディア・イリュストレ』で1911年の各号にイラストを提供している。1912年からは、『ガゼット・デュ・ボン・トン』や『モード・エ・マニエール・ドージュルデュイ』などのモード雑誌で活躍。特に、母と娘を描いたイラストで人気を博した。

　師匠と仰いだ画塾の先生モーリス・ブテ・ド・モンヴェルの影響か、女性が欧亜混血風であることが日本人に人気がある理由かもしれない。繊細にして可憐な画風は、デビュー時から死の直前まで変わることなく、常に高いレベルのイラストレーションを提供しつづけた。

　1920年代から『ヴォーグ』、『フェミナ』、『イリュストラシオン』などの写真製版のグラフ雑誌でも活躍したが、1925年からは文学作品の挿絵を多く手掛けるようになった。その代表作は親しい友人だった女流作家ジェラール・ドゥーヴィル（本名・マリー・ド・エレディア）の『誘惑者』と『フローラの王冠』で、前期マルティの頂点をなしているといっても過言ではない。1929年の大恐慌で高級モード誌や高級挿絵本の需要がなくなったあとは、発行部数の多い挿絵本に活路を求めたが、ルパップと違って、イラストのレベルが落ちなかったので、この廉価挿絵本の分野でも大きな成功を収めた。戦後も1957年まで挿絵本を刊行している。

　ピエール・ルイス『ビリチスの歌』、メーテルランク『青い鳥』、『雅歌』などが代表作である。挿絵以外の仕事では、1911年にロシア・バレエ団のポスターを手掛けたり、コメディ・フランセーズの舞台装置および衣装をデザインしている。1974年8月没。

　マルティが他のイラストレーターと異なるところは、デビューから最晩年までまったく絵のレベルが落ちなかったことで、戦後も挿絵本の注文が絶えなかったのもそのためである。マルティは子供を描くのに長けていたことから、絵本にも進出し、『カリスト』『聖書物語』はロングセラーの絵本としてしばしば復刻が出た。『カリスト』はマルティ自身がアニメ化している。大正末期から昭和の初めにかけて、日本に輸入されて、日本の少女マンガの源流になったのではないかとひそかに想像したくなる「可憐」な作風である。

第12章　MARTY　ファッション・プレート

38『ガゼット・デュ・ボン・トン―芸術、モード、アクセサリー』
Gazette du Bon Ton. Art, Modes et Frivolités

出版年：1912-25年、出版元：リブレリ・サントラル・デ・ボザール／パリ刊、編集：リュシアン・ヴォージェル(1912-1923)、ジャン・ラビュスキエール(1923-1925)、イラストレーター：ルパップ、マルティ、マルタン、バルビエ、デュフィ、ブリソー、シメオン、ドリアン、ベニート、ボンフィス、ブルネレスキなど多数、複製技法：ポショワールおよび写真製版（1923年6月号からのもの）、発行：1912年11月～1925年12月まで12巻69冊子（70号）、紙：ヴェラン紙がほとんど、局紙が極少部数、図版：別丁図版556葉（一説に568葉とも573葉ともいわれる）

◆『ジュルナル・デ・ダム・エ・デ・モード』と同様、この雑誌も『ボン・トン』(1834-84年)、『シュプレーム・ボン・トン』といった19世紀のモード誌からタイトルを借りている。

　1912年11月、『アール・エ・デコラシオン』の編集長をつとめていたリュシアン・ヴォージェルによって創刊され、第一次世界大戦勃発後も発行回数を減らして刊行を続けたが、1915年の夏に休刊となる。1920年1月に復刊、1925年12月まで継続発行された。ただし、1923年6月号からはリュシアン・ヴォージェルは「創刊者」として記されるのみで、編集長はジャン・ラビュスキエールに代替わりしている。副題も「Art - Modes et Frivolités」から「Art - Modes et Chronique」に変わっている。

　モード誌と銘打ってはいるが、副題に「芸術、モード、アクセサリー」とあるように、ファッションばかりか、室内装飾や生活雑貨などを含めたモダンでおしゃれなライフスタイルを提案し、ファッション・プレート以外のテクストにおいてもポショワールのヴィニェット（装飾挿絵）を使用することで、「史上最高の雑誌」であることを目指した。テクストも、ヴァレリーをはじめとする一流文人たちが寄稿し、文芸や時事問題などを扱った。すべての点で、同時期に発行された他の雑誌と比べても、最高品質のモード誌と言えるだろう。ファッション・プレートに関しては、毎号10点前後の版画が収められていたが、デザイナーの作品の復元は7点で、残りの3点はイラストレーターの独創に任された。

　終刊までに合計69分冊(70号)、総数556葉（一説に568葉とも573葉ともいわれる）の版画図版が添えられた。ジョルジュ・ルパップ、アンドレ・É・マルティ、シャルル・マルタン、バルビエなどのアール・デコ期の代表的挿絵画家が最先端ファッション及びライフスタイルの原画を描き、その多くがポショワールによって版画化された（ただし、1923年6月号以後は写真製版が多い）。ときに、二つ折りで通常のプレート2枚分の横長のプレートなどが含まれる。最終的には、1926年、同じヴォージェルが手掛けたモード誌『ヴォーグ』フランス版に吸収されることとなる。

　鹿島茂コレクションには、別丁のファッション・プレート84葉、雑誌分冊11冊が収蔵されている。

38-1（左）
2人のおばかさん：ドゥイエのレヴェイヨン（クリスマス・イブや大晦日の夜の祝い）のドレス　1914年1月（Pl. VII）
Les Deux Nigauds. Robe de réveillon de Dœuillet.

38-2（右）
庭の最初の花：ドゥイエの春のドレス　1914年4月（Pl. 35）
La Première Fleur du Jardin. Robe printanière de Dœuillet.

38-3
春：朝のドレス、ドゥイエ作　1920年3月 (Pl. 15)
Printemps. Robe du matin, de Dœuillet.

38-4
シンデレラ：イブニングドレス、ドゥイエ作　1920年5月 (Pl. 29)
Cendrillon. Robe du soir, de Dœuillet.

38-7
人なつっこい雌鹿：ドレス、ポール・ポワレ作　1922年 (Pl. 32)
La Biche Apprivoisée. Robe, de Paul Poiret.

38-8
アトリの巣：アフタヌーンドレスと少女のドレス、ジャンヌ・ランバン作　1922年 (Pl. 45)
Le Nid de Pinsons. Robe d'après-midi et robe de fillette, de Jeanne Lanvin.

HOP LA !
ROBE POUR DANSER L'APRÈS-MIDI, DE DŒUILLET

N° 1 de la Gazette du Bon Ton.   Année 1921. — Planche 4.

38-5
そらっ！：ダンスのためのアフタヌーンドレス、ドゥイエ作　1921年 (Pl. 4)
Hop La! Robe pour danser l'après-midi, de Dœuillet.

PENSE-T-IL A MOI ?
ROBE, DE PAUL POIRET

N° 5 de la Gazette du Bon Ton.   Année 1921. — Planche 38

38-6
あの方、私のこと思ってくれているのかしら？：ドレス、ポール・ポワレ作　1921年（Pl. 38）
Pense-t-il à Moi? Robe, de Paul Poiret.

38-9
うちひしがれた美女:イブニングドレス、ポール・ポワレ作 1922年 (Pl. 59)
La Belle Affligée. Robe du soir, de Paul Poiret.

38-10
かわいい顔:少女のドレスと若いマダムのドレス、ジャンヌ・ランバン作 1923年 (Pl. 4)
La Bonne Frimousse. Robe de petite fille et robe de jeune femme, de Jeanne Lanvin.

38-11
田園に向かって開かれた扉:アフタヌーンドレス、ポール・ポワレ作 1923年 (Pl. 6)
La Porte Ouverte sur la Campagne. Robe d'après-midi, de Paul Poiret.

38-12
待ちかねた手紙:イブニングドレス、ポール・ポワレ作 1923年 (Pl. 22)
La Lettre Attendue. Robe du soir, de Paul Poiret.

39 『モード・エ・マニエール・ドージュルデュイ（今日のモードと着こなし）』
Modes et Manières d'Aujourd'hui, 1919　出版年：1921年

◆詳細については、ルパップの項140ページ参照。マルティは1919年度分を担当しているが、出版は1921年。戦争が終わり、アメリカ援助資金が流入して好景気に沸く上流社会の様々な楽しみを描いている。

39-1
動員解除　1919年（Pl. Ⅰ）
La Démobilisation

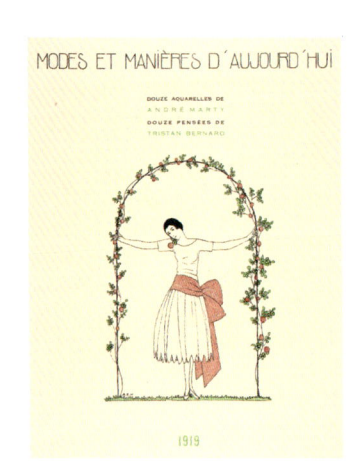

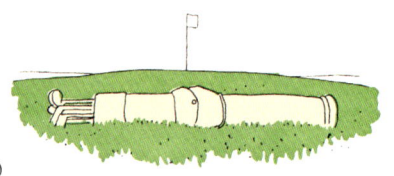

39-3
総稽古（ゲネプロ）　1919年（Pl. Ⅲ）
La Répétition Générale

39-5
映画　1919年（Pl. Ⅴ）
Le Ciné

39-2
公園の朝　1919年（Pl. II）
Le Matin dans le Parc

39-4
ゴルフ　1919年（Pl. IV）
Le Golf

39-7
競走　1919年（Pl. Ⅶ）
Racing

39-8
オアシスにて、光るスカート　1919年（Pl. Ⅷ）
À l'Oasis, la Jupe Lumineuse

39-9
土曜日のメドラノ・サーカス　1919年（Pl. Ⅸ）
Le Samedi à Médrano

39-11
骨董屋にて　1919年（Pl. Ⅺ）
Chez l'Antiquaire

39-10
リズム体操　1919年（Pl. X）
La Rythmique

39-12
風を翼一杯に受けて　1919年（Pl. XII）
Les Ailes dans le Vent

第13章　MARTY　定期刊行物、他

40 『イリュストラシオン　クリスマス特集号』
L'Illustration NOËL

出版年：1930年、1931年、1933年、出版元：イリュストラシオン／パリ刊、挿絵画家：マルティ、バルビエなど多数、複製技法：カラー写真製版

◆1843年に創刊された絵入り新聞の老舗『イリュストラシオン』は1880年代から年末にカラー・ページ満載のクリスマス特集号を出すようになっていた。クリスマス特集号は予算が豊富だったせいか、紙質もよく、また印刷ではあるが最高級の技術とインクが使用されていたこともあって、今日でも鮮明な色彩を保っている。

また、1937年に刊行された「1937年パリ万国博覧会特集号」は、そのタイトルの通り、1937年5月25日から11月25日まで開催されたパリ万国博覧会を記念した特集号である。『イリュストラシオン』では、クリスマス特集号やこの万博特集号のように、しばしば特集号が組まれている。

今回、鹿島茂コレクションからマルティがイラストを提供している『イリュストラシオン』の1938年5月号、『イリュストラシオン　クリスマス特集号』の1930年12月号、1931年12月号と1933年12月号、そして1937年発行の『イリュストラシオン　1937年パリ万国博覧会特集号』を展示している。

(左)1930年、(右)1933年

41 『フェミナ』
Femina

出版年：1901年-現在、出版元：『フェミナ』事務所／パリ刊、創刊者：ピエール・ラフィット、イラストレーター：マルタン、マルティ、バルビエなど多数、複製技法：カラー写真製版

◆1901年1月1日に多くの雑誌を手掛けていた出版人ピエール・ラフィットが創刊した女性誌。1910年代から20年代にかけて、写真製版ながら、マルタン、マルティ、ルパップ、バルビエなどのイラストレーションが誌面を飾ったが、それは、リュシアン・ヴォージェルが、『ガゼット・デュ・ボン・トン』創刊まで『フェミナ』の芸術ディレクターをつとめていたことと関係している。

今回の鹿島茂コレクションは、1918年3月号・6月号と1926年7月号のバックナンバーを展示している。

1926年7月号

42 『私たちの洗礼』
Nos Baptêmes

◆詳細については、ルパップの項155ページ参照。

芝生の上で (No.1428, Série 7)
Sur le Gazon

第14章　MARTY　挿絵本

43 『誘惑者』
Le Séducteur

出版年：1926年（奥付では1927年となっているが、MONOD本では1926年）、著：ジェラール・ドゥーヴィル、出版元：ラテン・アメリカ愛書家協会、イラストレーター：マルティ、挿絵技法：エングレーヴィング・ポショワール、図版数：計48葉（内、別丁図版12葉、テクスト版組図版25葉、キュ・ド・ランプ11葉）、部数：135部（MONOD本では計150部となっている）[内訳：全てアルシュ・ヴェラン紙、100部（協会のメンバーのためのもので、1～100までの番号）、20部（101～120までの番号）、10部（制作協力者のためのもので、121～130の番号）、残りの5部（納本と古文書館のためのもの、I～Vまでの番号）]

◆「アール・デコ四天王」の中で挿絵本が最も多いのがマルティである。鹿島茂コレクションに所蔵されているものだけでも軽く40冊を超える。マルティの挿絵本の特徴は駄作が一つもないことで、どれも一定の水準をクリアーしている。しかし、1930年以降は1000部を超える部数のものがほとんどで、ディープな愛書家のアイテムとなるものは少ない。

そんな中の例外が、この『誘惑者』である。作者のジェラール・ドゥーヴィルとは高踏派の詩人ジョゼ＝マリア・ド・エレディアの次女のマリー・ド・エレディア。美人三姉妹の中でもとびきりの美人だったマリーは奔放な女性で、詩人・小説家のアンリ・ド・レニエを夫としながら、詩人ピエール・ルイスの愛人となり、官能写真マニアだったルイスのために惜しげもなく裸身をさらしたことで有名だが、小説家としても活躍し、数多くの作品を残している。

マルティとは男女の仲を超えた親友で、マルティの評伝にも序文を寄せている。

『誘惑者』は父親の故郷であるキューバを舞台に展開する恋愛小説で1914年の作。出版元のラテン・アメリカ愛書家協会は、ラテン・アメリカ出身あるいはラテン・アメリカに深いかかわりを持つ大金持ちの愛書家のクラブで、100人の会員の討論によって対象の作品とイラストレーターを選び、これを会員の数だけ刷って各人が所有するという形式を取っていた。したがって、合計130部が刷られたが、そのうち会員のものには1-100の番号が振られている。

鹿島茂コレクションには会員のロベール・ド・ロスチャイルド男爵のためにNo.48の番号と名前が印刷された函入り未綴じのものが所蔵されている。

98

199

44 『フローラの王冠』
Le Diadème de Flore

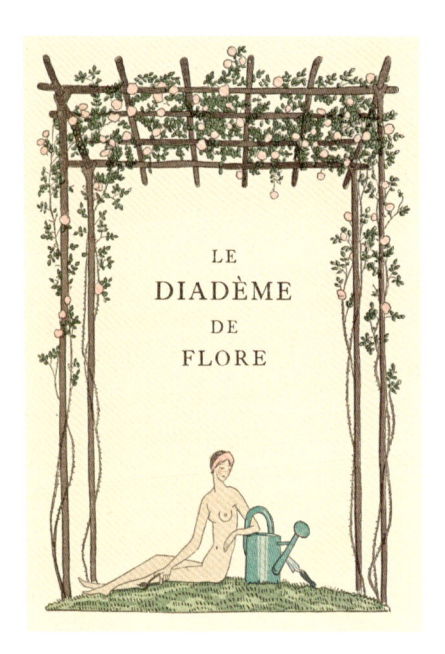

出版年：1928年、著：ジェラール・ドゥーヴィル、編集：エミール・シャモンタン、出版元：ル・リーヴル書店／パリ刊、イラストレーター：マルティ、挿絵技法：木口木版・ポショワール、図版数：計40葉、部数及び紙：280部（非売品含む）［内訳：25部（真珠光沢の局紙、1～25までの番号。ヴァン・ジェルダー・ゾーネン・オランダ紙の彩色木版画スュイット（別刷り）1部、古局紙に刷られた線画スュイット1部、白色局紙に刷られた口絵の色彩試し刷りのスュイット1部が付いている）、続いて、25部（オランダ紙、26～50までの番号。局紙に彩色木版画スュイット1部、白色局紙に刷られた口絵の色彩試し刷りのスュイット1部が付いている）、200部（ヴェラン紙、51～250までの番号）、そして非売品の30部（様々な紙を使用、I～XXXまでの番号。）］

◆マルティの数多い挿絵本の中で最も評価の高いものの一つ。ジェラール・ドゥーヴィルが書いた花暦風の詩にマルティが挿絵を描くという完全なコラボレーション作品。2人の息はぴったりと合って、見事な傑作に仕上がっている。「花と夢と乙女」という少女マンガの王道を予感させるような象徴的な作品である。ちなみにフローラ（Flore）とは花と豊饒と春の女神。

鹿島茂コレクションには、箱入り未綴じのNo.193が収蔵されている。

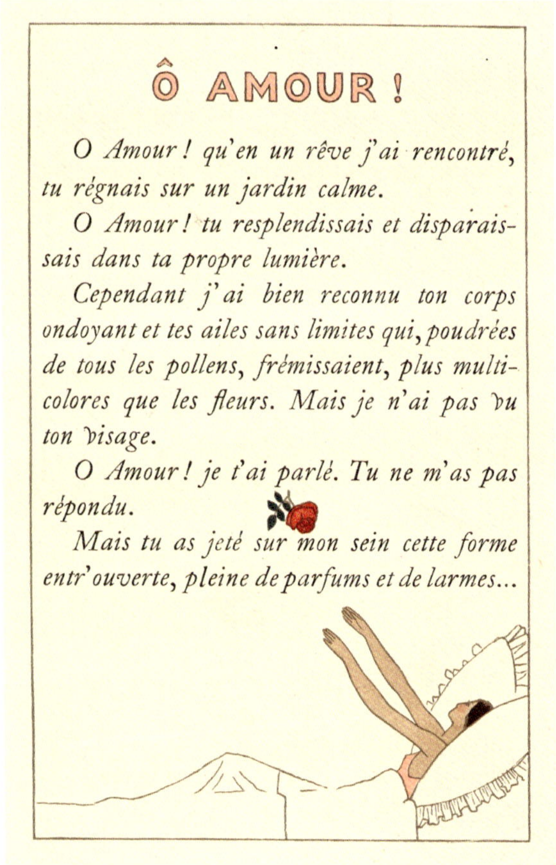

おお、愛よ！
Ô Amour !

試み
Tentative

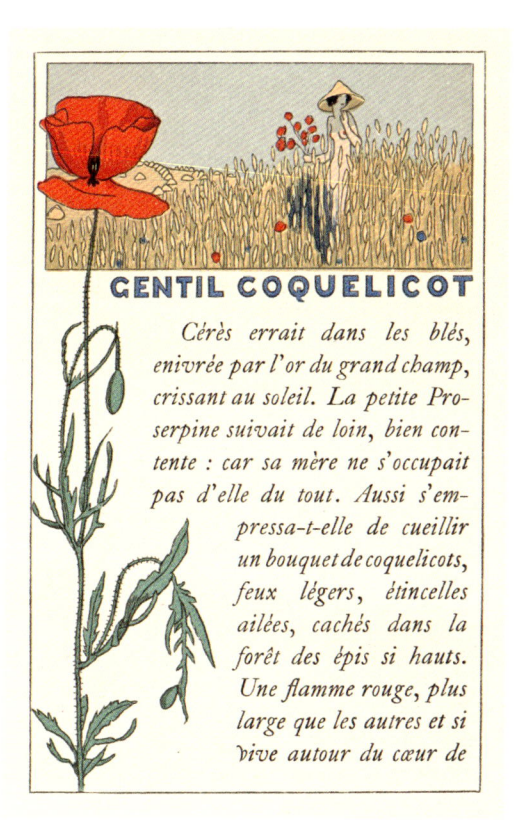

GENTIL COQUELICOT

Cérès errait dans les blés, enivrée par l'or du grand champ, crissant au soleil. La petite Proserpine suivait de loin, bien contente : car sa mère ne s'occupait pas d'elle du tout. Aussi s'empressa-t-elle de cueillir un bouquet de coquelicots, feux légers, étincelles ailées, cachés dans la forêt des épis si hauts. Une flamme rouge, plus large que les autres et si vive autour du cœur de

優しいヒナゲシ
Gentil Coquelicot

LE GRAND IRIS MAUVE

Je suis né dans une grotte et je fus tout de suite armé Chevalier. Mon parrain fut Lancelot du Lac. Mon casque est d'azur et transparent sur ma tête invisible. Ma lance est verte. J'erre ainsi sans bouger au bord de ces ruisseaux, à la recherche de mon rêve.

大きなモーヴ色のアイリス
Le Grand Iris mauve

AUBEPINE BLANCHE

Brusquement, au détour d'une sente on contemple, aubépine écumeuse, ton torrent muet.

Il est suspendu dans la fraîcheur verte du bois printanier et il donne soif, une soif légendaire.

Car, depuis Merlin l'enchanteur qui à travers ton buisson parla, tu es toute enivrante de sortilèges.

白いサンザシ
Aubépine blanche

LES LYS

Les lis de juin, les crois-tu si purs ?
Sous les arceaux du buis austère, ils défilent, boutons hauts et encore fermés comme des mains jointes : chastes nonnes !
Mais déjà le pollen doré fermente en eux ; le marteau des étamines guette le pistil érigé, impudique et gluant. Folles recluses, quand leurs blancheurs seront blancheurs ouvertes, leur odeur d'amour pourra tenter quelque papillon don Juan ou Casanova bourdonnant, sacrilège épris des voluptueuses nonnains aux blancheurs de cire, aux cœurs de flamme... Mais les grands lis hermaphrodites n'ont pas besoin d'être aimés. En eux-mêmes et en eux seuls ils résument le désir impur, la pâleur des vierges, l'orgueil du mâle, et l'ardeur candide.

ユリ
Les Lys

CHEVREFEUILLE

Chèvrefeuille ! le sais-tu ? Keats, le poète printanier, comparait à la chasse d'un roi féerique tes cors fleuris aux cris embaumés.

Pour moi, tu cours en arrière ; tu vas rejoindre dans le passé les promenades de mon enfance. Et sur les tempes de mon Père tu t'enroules ; car ta grâce forestière, ton arome mystérieux et tellement suave, il les préférait, pour couronner sa noble et savante tête, à tous les lauriers.

スイカズラ
Chèvrefeuille

JE NE VEUX...

Je ne veux pour amis qu'une fleur, un oiseau, cette cétoine innocente.

Mon cœur est las des paroles humaines dont aucune ne le contente, car personne ne le comprend.

Pas plus que l'on n'a déchiffré le sens évident des signes qui colorent les ailes des papillons.

私は…しか望みません
Je ne veux...

GRANDE TULIPE ROSE

Tu crois que je suis rose ou rouge doux, couleur des robes pompeuses et portées dans les fêtes. Plonge ton regard en moi. Au fond de mon cœur liturgique rayonne une étoile bleue translucide autant que les vitraux de Chartres.

Et sous sa lumière sacrée, groupées autour du pistil pleurant, mes étamines sont en prière.

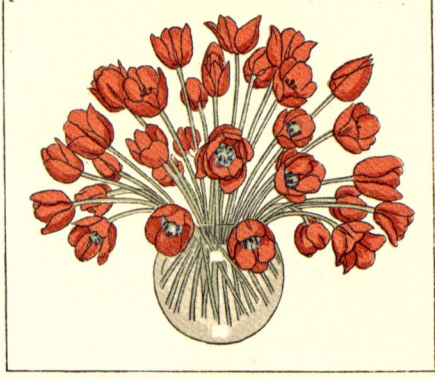

ローズ色の大きなチューリップ
Grand Tulipe rose

ACACIA

L'Acacia a fait venir le coiffeur, le parfumeur : va-t-il donc cette nuit à une fête costumée ?

Car il est vêtu en soie blanche passementée de vert, coiffé en perruque poudrée à la maréchale, et il sent si bon, si bon qu'aucune dame ne pourra danser avec lui sans s'évanouir.

アカシア
Acacia

45 『アルフレッド・ド・ミュッセ作品集』
Œuvres, Alfred de Musset

出版年:1932-36年、著:アルフレッド・ド・ミュッセ、出版元:H・ピアッツァ書店／パリ刊、イラストレーター:マルティ、挿絵技法:ポショワール、図版数:計309葉(装飾とヴィネット含む)、部数及び紙:2250部[内訳:50部(局紙、1〜50までの番号。彩色スュイット1部、モノクロのスュイット1部が付いている)、200部(純(繊維の)リーヴ紙、51〜250までの番号。モノクロのスュイット1部が付いている)、2000部(ヴェラン紙、251〜2250までの番号)]

◆ 既に述べたように「アール・デコ四天王」のうちバルビエを除く3人がミュッセ全集に挿絵を提供しているが、その中で最も成功しているのが、マルティの全集である。発行部数は多いが、ポショワールのレベルは低くない。

鹿島茂コレクションには完全揃いのブロシェ版と革装丁版が2セット(No.218と426)所蔵されている。

46 『ある子供の物語』
Le Roman d'un Enfant

出版年:1936年、著:ピエール・ロティ、出版元:カルマン・レヴィ書店／パリ刊、イラストレーター:マルティ、挿絵技法:ポショワール、部数及び紙:限定版1120部[内訳:20部(局紙、1〜20までの番号)、100部(ヴァン・ゲルダー・ゾーネン・オランダ紙、21〜120までの番号)、1000部(フィラフュマ・ヴェラン紙、121〜1120までの番号)]、通常版(ベルナール=デュマ式のヴェラン紙)

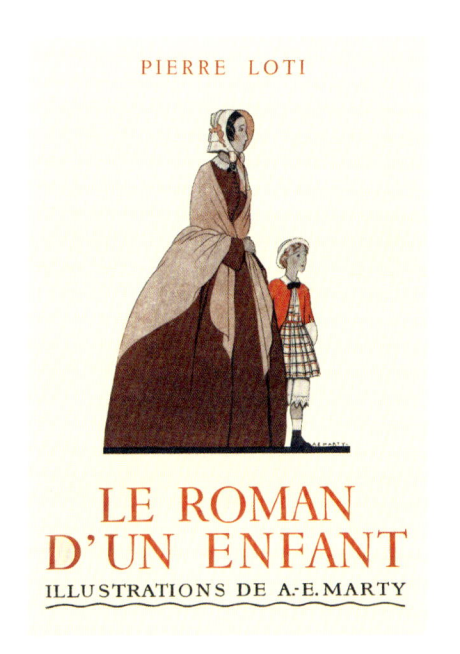

◆ 1936年から37年にかけてカルマン・レヴィ書店から刊行された挿絵入りの『ピエール・ロティ全集』15巻は当時の出版状況からすると非常にレベルの高い全集で、挿絵も一流のイラストレーターを揃えていた。マルティは『ある子供の物語』の巻と『至高の青春&ある貧しい将校』の巻の2巻を担当している。いずれも良い出来栄えである。

鹿島茂コレクションには『ある子供の物語』と『至高の青春&ある貧しい将校』のブロシェ通常版が収蔵されている。

47 『ビリチスの歌』
Les Chansons de Bilitis

出版年：1937年、著：ピエール・ルイス、出版元：クリュニー書店／パリ刊、イラストレーター：マルティ、挿絵技法：ポショワール、図版数：計12葉、部数及び紙：1512部（MONOD本では計1500部となっている）［内訳：1500部（ヴワロンの透かし筋の入った紙、1～1500までの番号）、続いて、12部（紙は前者と同紙、I～XIIまでの番号。オリジナルの版画1葉が付いている）］

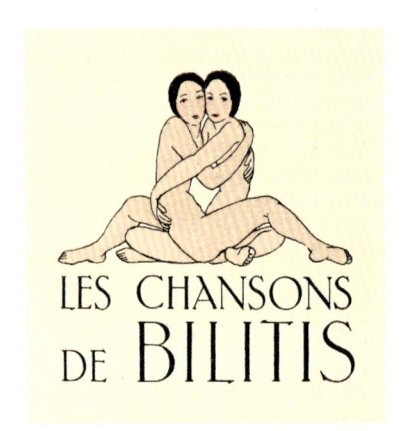

◆ピエール・ルイスは古代ギリシャの娼婦詩人ビリチスの墓から発見されたギリシャ語の詩篇の翻訳と称して自作の贋作詩集を出版。文に詩篇発見までの経緯を記してミスティフィカシオンを楽しんだ。そのため、古代ギリシャの女流作家サッフォーと同時代にビリチスという女性詩人が実在したと騙された読者も少なくなかった。

『ビリチスの歌』はイラストレーターであれば一度は手掛けてみたい題材らしく、バルビエの傑作もあるが、このマルティの『ビリチスの歌』も傑作の一つに数えられる。マルティのイラストには官能性が希薄で、女性が描いたような楚々としたエロティシズムが感じられる。

鹿島茂コレクションには、通常版のNo.849が収蔵されている。

48 『聖書物語』
L'Histoire Sainte

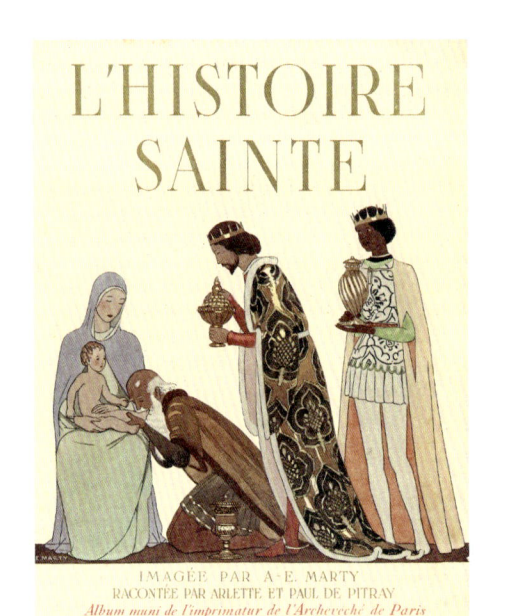

出版年：1938年、著：ポール・ド・ピトレイ、出版元：アシェット社／パリ刊、イラストレーター：マルティ、挿絵技法：カラー写真製版

◆マルティの挿絵本の中で最も人口に膾炙した作品。作家のポール・ド・ピトレイがリライトした旧約・新約聖書のテクストにマルティが挿絵を添えたものだが、挿絵本というよりは少年・少女向けの絵本というのが正しい。戦後まで版を重ね、マルティという名前と絵柄をこの本で覚えたというフランス人も少なくない。同じ1938年版でも表紙の異なるバージョンも存在する。

鹿島茂コレクションには1938年の初版の表紙の異なったバージョンが所蔵されている。

49 『君とぼく』
Toi et Moi

出版年：1939年、著：ポール・ジェラルディ、出版元：H・ピアッツァ書店／パリ刊、イラストレーター：マルティ、挿絵技法：ポショワール、図版数：計100葉（別）凶版の口絵1葉、タイトルページのヴィニェット1葉、装飾模様と花形装飾とキュ・ド・ランプ98葉）、部数及び紙：3000部［内訳：25部（真珠光沢の局紙、1～25までの番号。彩色スュイット1部、モノクロのスュイット1部が付いている）、250部（ヴァン・ゲルダー・ゾーネン・オランダ紙、26～275までの番号。モノクロのスュイット1部が付いている）、2725部（ヴェラン紙、276～3000までの番号）］

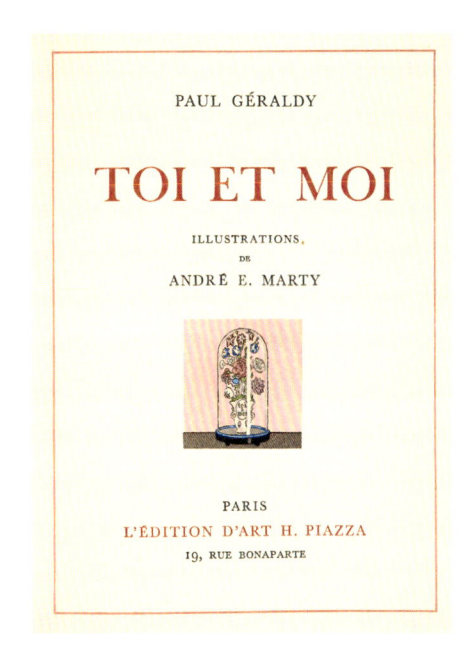

◆ポール・ジェラルディ（1885-1983）は今日では忘れられた詩人だが、彼が1912年に発表した第二詩集『君とぼく』は、詩集にしては例外的なミリオンセラーを記録した。そのせいか、この時代に青春を送ったアール・デコのイラストレーターの中にはこの詩集の挿絵版を出しているものが少なくない。その中で最も成功しているのがマルティのこの『君とぼく』である。

鹿島茂コレクションには関係者配布用の非売品のNo.XLⅧ(48)が収蔵されている。

50 『カリスト―ディアナの小さなニンフ』
Callisto-La Petite Nymphe de Diane

出版年：1944年、著：アンドレ・É・マルティ、出版元：版画制作中央事務所（サントラル・ド・リマジェリー事務所）／パリ刊、イラストレーター：マルティ、挿絵技法：カラー写真製版

◆『聖書物語』の成功で、挿絵本から絵本に進出した2作目。テクストはマルティ自身が書いている。ギリシャ神話の世界を鹿をつれた小さなニンフの目を通して描いた作品。ただ、残念なことに、戦時中という制約もあり、表紙のみカラーで、中は白黒である。マルティはこれをアニメーションにして成功を収め、戦後、しばしば映画館の短編の時間や小学校などで上演されたという。

鹿島茂コレクションには初版が2部所蔵されている。

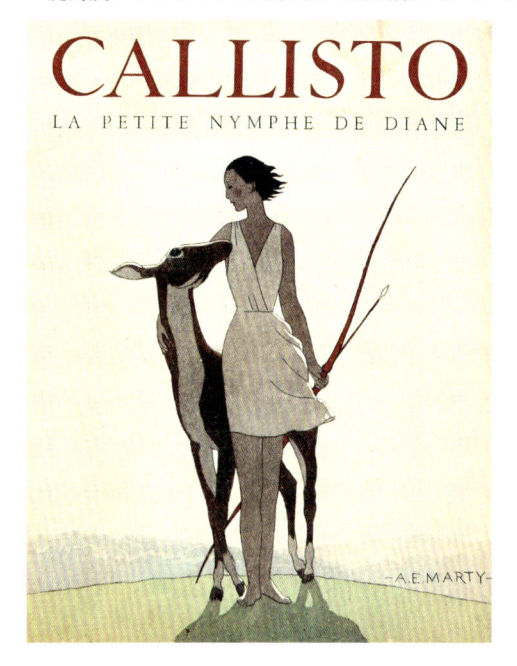

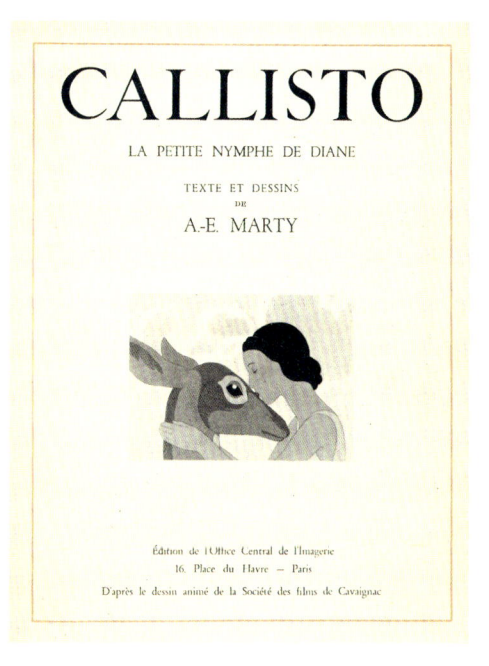

52 『青い鳥』
L'Oiseau Bleu

出版年：1945年、著：モーリス・メーテルランク、出版元：H・ピアッツァ書店／パリ刊、イラストレーター：マルティ、挿絵技法：ポショワール、図版数：計34葉（内、別丁図版口絵1葉、表紙とタイトルページのヴィニェット1葉、装飾文様図版12葉、キュ・ド・ランプ7葉、テクスト版組図版12葉）、部数及び紙：特別な紙仕様のものは150部［内訳50部（局紙、1～50までの番号。彩色のスュイット1部とモノクロのスュイット1部が付いている）、残りの100部（オランダ紙、51～150までの番号。モノクロのスュイット1部が付いている）］

◆マルティの代表作の一つ。1945年という時代状況と、普及版の数の多さから見て、驚くべき出来栄えの一冊。よくぞ、これだけの部数をポショワールで刷れたものと感心する。原画の仕上がりも素晴らしく、「小さいものの巨匠」というマルティの特徴がいかんなく発揮されている。

鹿島茂コレクションには、通常版No.1161、2812、5512の3冊が収蔵されている。今回、保存状態の悪いものを解体して展示した。

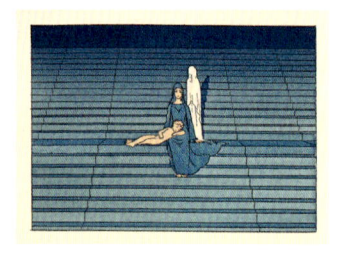

LES JARDINS DES BONHEURS

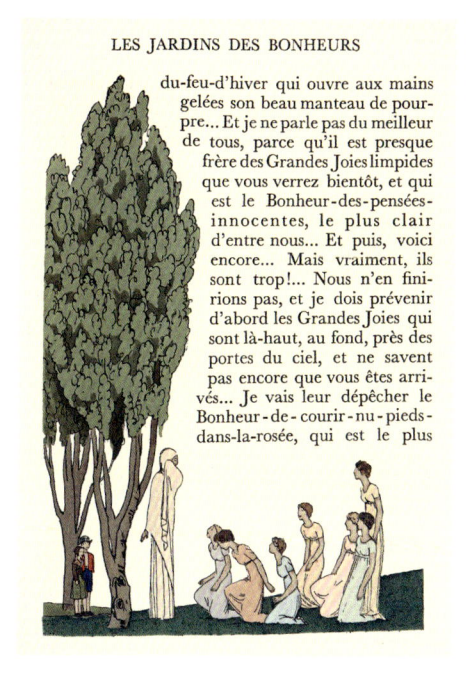

du-feu-d'hiver qui ouvre aux mains gelées son beau manteau de pourpre... Et je ne parle pas du meilleur de tous, parce qu'il est presque frère des Grandes Joies limpides que vous verrez bientôt, et qui est le Bonheur-des-pensées-innocentes, le plus clair d'entre nous... Et puis, voici encore... Mais vraiment, ils sont trop!... Nous n'en finirions pas, et je dois prévenir d'abord les Grandes Joies qui sont là-haut, au fond, près des portes du ciel, et ne savent pas encore que vous êtes arrivés... Je vais leur dépêcher le Bonheur-de-courir-nu-pieds-dans-la-rosée, qui est le plus

LE ROYAUME DE L'AVENIR

Tyltyl. — Qu'est-ce que c'est le Temps ?...

L'Enfant. — C'est un vieil homme qui vient appeler ceux qui partent...

Tyltyl. — Est-ce qu'il est méchant ?...

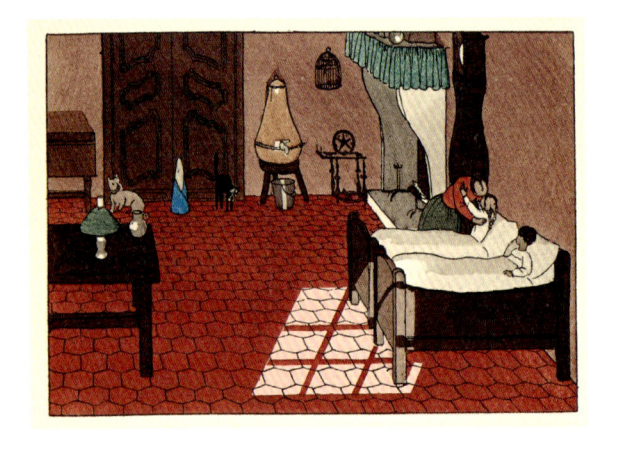

L'Enfant. — Non, mais il n'entend rien... On a beau supplier, quand ce n'est pas leur tour, il repousse tous ceux qui voudraient s'en aller...

Tyltyl. — Est-ce qu'ils sont heureux de partir ?

51 『ペレアスとメリザンド』
Pelléas et Mélisande

出版年：1944年、著：モーリス・メーテルランク、出版元：マブモンド出版社／パリ刊、イラストレーター：マルティ、挿絵技法：ポショワール、図版数：計49葉（内、表紙1葉、口絵1葉、タイトルのヴィニェット1葉、別丁図版11葉、装飾文様図版19葉、キュ・ド・ランプ16葉）、部数及び紙：2040部（非売品含む）[内訳：12部（真珠光沢の局紙、1～12までの番号。マルティのオリジナル水彩画1葉と2枚組のスュイット1部が付いている）、続いて、18部（薄く色のついた純ヴェラン紙、13～30までの番号。マルティのオリジナル水彩画1葉と2枚組のスュイット1部が付いている）、70部（純ヴェラン紙、31～100までの番号。モノクロのスュイット1部が付いている）、1900部（純ヴェラン紙、101～2000までの番号）、そして非売品の40部（様々な紙を使用）]

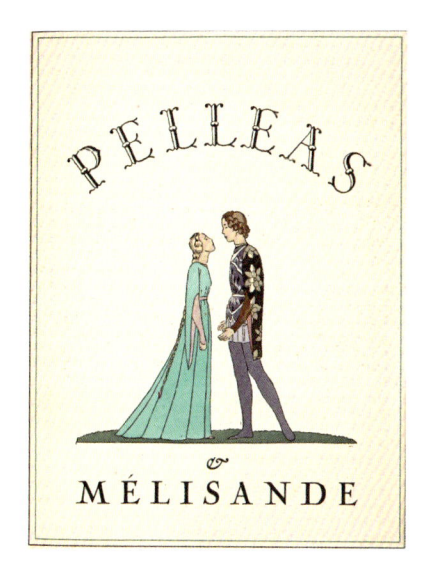

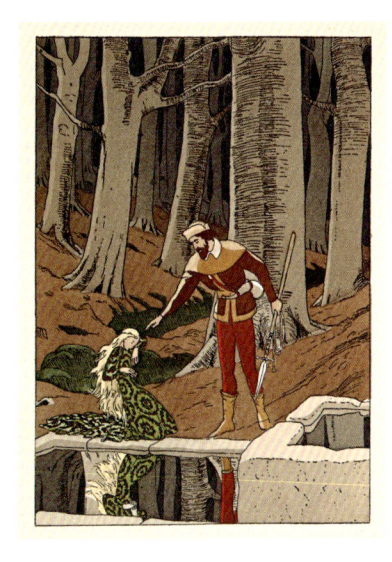

◆マルティは絵本から挿絵本に復帰し、以後1957年まで精力的に挿絵本を制作していくが、それはあたかも挿絵によるフランス名作全集のような感を呈し、点数の多さと質の高さには驚くべきものがある。選ばれている作品は、マルティが文学青年時代に読み耽った名作らしく、文学的資質が感じられるラインナップとなっている。『ペレアスとメリザンド』はメーテルランクの象徴主義の傑作戯曲でドビュッシーによるオペラ化で有名となった作品。

鹿島茂コレクションには、通常版のモロッコ革装丁No.889が収蔵されている。

53 『トリスタンとイズーの物語』
Le Roman de Tristan et Iseut

出版年：1947年、著：ジョゼフ・ベディエ、出版元：H・ピアッツァ書店／パリ刊、イラストレーター：マルティ、挿絵技法：ポショワール、図版数：別丁図版21葉、部数及び紙：500部[内訳：100部（マレ・ヴェラン紙、1～100までの番号。彩色のスュイット1部、モノクロのスュイット1部が付いている）、400部（羊皮紙のようなヴェラン紙、101～500までの番号。モノクロのスュイット1部が付いている）]

◆中世文学の碩学ジョゼフ・ベディエが編纂した『トリスタンとイズーの物語』は、ボーイ・ミーツ・ガール系の好きなマルティにとって格好の材料で、われわれがこの物語の挿絵として期待する通りのものができあがった。マルティはこのほか、同趣向のボーイ・ミーツ・ガールの古典として『ダフニスとクロエ』と『ポールとヴィルジニー』にも挿絵を提供している。どちらも、鹿島茂コレクションに収蔵されている。

鹿島茂コレクションにはブロシェ版のNo.VII（H・ルクレルク氏のための特別版）が収蔵されている。

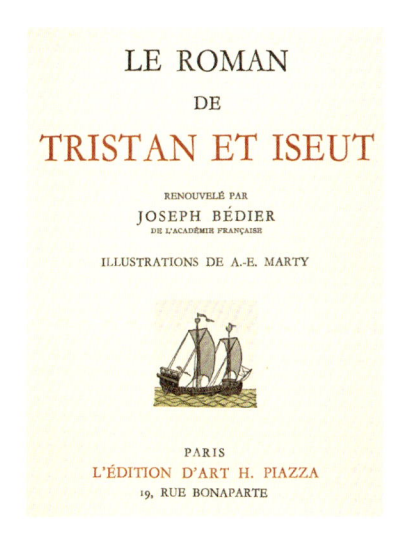

54 『3つの物語』
Trois Contes

出版年：1948年、著：ギュスターヴ・フロベール、出版元：ラ・メゾン・フランセーズ社／パリ刊、イラストレーター：マルティ、挿絵技法：木口木版・ポショワール、図版数：計27葉（内、ヴィニェット1葉、口絵3葉、装飾模様3葉、キュ・ド・ランプ3葉、テクスト版組図版17葉）、部数及び紙：800部［内訳：全て純コルヴォル反故、15部（1〜15までの番号。マルティのオリジナル原画1葉、イラストレーションのスュイット1部、変質した色刷り版画1葉が付いている）、13部（16〜28までの番号。マルティのオリジナル原画1葉が付いている）、472部（フランスとフランス領の予約分、29〜500までの番号）、残りの300部（アメリカと諸外国の予約分、I〜CCCまでの番号）］、800部以外にその他数部（制作者の友人のために刷られた非売品。〈詞華集友の会へ〉と記されている）。

◆『3つの物語』はギュスターヴ・フロベールが晩年に書いた3つの短編、すなわち『純なこころ』、『聖ジュリアン伝』、『エロディアス』をまとめて1877年に出版したもので、象徴派の世代に大きな影響を与えた。『フランス詞華傑作集』と題されてラ・メゾン・フランセーズから出されたシリーズの第4巻にあたる。マルティは『3つの物語』のうち最初の『純なこころ』の純朴な女中フェリシテとオウムの話を一番挿絵にしたかったのだろうと想像がつく。『聖ジュリアン伝』と『エロディアス』はむしろバルビエの世界である。

鹿島茂コレクションには、「詞華集友の会へ」と書かれた非売品のブロシェ版が収蔵されている。

55 『シルヴィーヴァロワの思い出』
Sylvie Souvenirs du Valois

出版年：1949年、著：ジェラール・ド・ネルヴァル、出版元：アルフォンス・ジョリー出版社／パリ刊、イラストレーター：マルティ、挿絵技法：木口木版・ポショワール、図版数：別丁図版14葉、部数及び紙：979部［内訳：29部（アルシュ・ヴェラン紙、1〜29までの番号。水彩原画1葉、ベトナム紙のスュイット1部が付いている）、50部（アルシュ・ヴェラン紙、30〜79までの番号。ベトナム紙のスュイット1部が付いている）、900部（透かし筋の入ったアルシュ紙、80〜979までの番号）］

◆第二次大戦後にアルフォンス・ジョリーから出た『ジェラール・ド・ネルヴァル作品集』の第3巻にあたる。長い間、プチ・ロマンティック（小ロマン派）の一人として十把一からげの扱いを受けていたネルヴァルは、精神分析とシュールレアリスムによって「夢」と夢想に光が当てられるようになって以来、再評価の機運が高まったが、大戦終結直後に出たこの挿絵入り選集は部数の割に入手困難で、マルティのアイテムの中でも古書店のカタログにはあまり登場しない。『シルヴィ』は、若い女性の名前を表題にした『火の娘』の中の最高傑作で、プルーストの無意識的記憶に影響を与えたことで知られている。

鹿島茂コレクションには通常版のNo.351が収蔵されている。

56 『雅歌』
Le Cantique des Cantiques

出版年：1949年、出版元：フェルナン・アザン社／パリ刊、イラストレーター：マルティ、挿絵技法：木口木版・ポショワール、図版数：計36葉（内、タイトルのページと別丁図版8葉を含む）、部数及び紙：612部（非売品含む）［内訳：全て純ヴェラン紙、9部（A～Iまでの番号。別刷りの挿絵1部とスュイット1部が付いている）、28部（Ⅰ～ⅩⅩⅧまでの番号。テキスト内に収められた挿絵1部とスュイット1部が付いている）、50部（ⅩⅩⅨ～ⅬⅩⅩⅧまでの番号。スュイット1部が付いている）、500部（1～500までの番号）、そして非売品の25部］

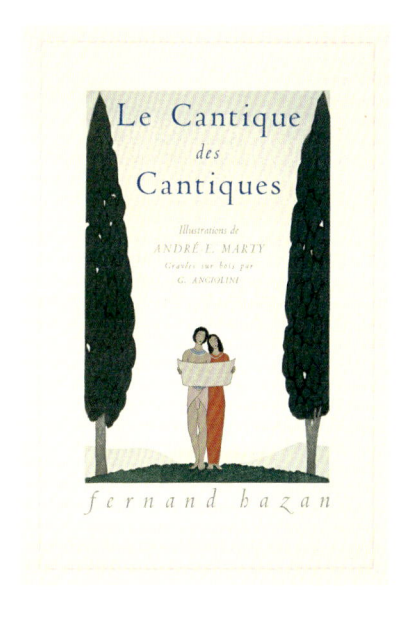

◆テクストは旧約聖書に収められた恋愛歌「ソロモン王の雅歌」のフランス語訳、ソロモン王の愛と清浄な官能に満ちた世界を歌っている。バルビエもこの本の挿絵を描いているが、マルティと比べると、2人の資質の違いがわかって興味深い。これもマルティの挿絵本の中では入手が比較的難しいものの一つ。挿絵本つくりに不利な状況下で、よくこれだけの完成度をもった作品をつくれたと感心する。おそらく、1920年代の優れた職人たちがこの頃までは残っていて、戦後に情熱をもって仕事を再開したにちがいない。アール・デコの最後の開花といえよう。

鹿島茂コレクションには、「マダム・フェルナン・アザンのための特別版」のブロシェ版が保存されている。

57 『聖ヨハネ祭の夜』
La Nuit de la Saint-Jean

出版年：1951年、著：ジョルジュ・デュアメル、出版元：アルベール・ギヨー社／パリ刊、イラストレーター：マルティ、挿絵技法：ポショワール、図版数：計27葉（内、口絵1葉、タイトルのヴィニエット1葉、プラン・パージュ10葉）、部数及び紙：1850部［内訳：全て透かし模様の入ったマレ・純反故、15部（1～15までの番号。色刷りオリジナル版画スュイット1部が付いている）、335部（16～350までの番号。色刷り版画スュイット1部）、1500部（351～1850までの番号）、その他数部（協力者のために刷られた）］

◆ジョルジュ・デュアメルは今日ではまったく読まれることはないが、戦前はジュール・ロマンと並ぶ大河小説の大家として、文壇に君臨していた。代表作『パスキエ家年代記』は長谷川四郎による邦訳がある。『聖ヨハネ祭の夜』はその第4巻。世紀末から20世紀初頭にかけてのパリのプチ・ブルジョワの一家に生まれた生物学者ロラン・パスキエの成長過程を描きながら一家の歴史を物語る。『聖ヨハネ祭の夜』は株取引で大儲けした兄のジョゼフが聖ヨハネ祭の夜（6月24日）に自宅で催したパーティを中心にロランの心の葛藤を描く。

鹿島茂コレクションには通称版のブロシェ No.1231 が所蔵されている。

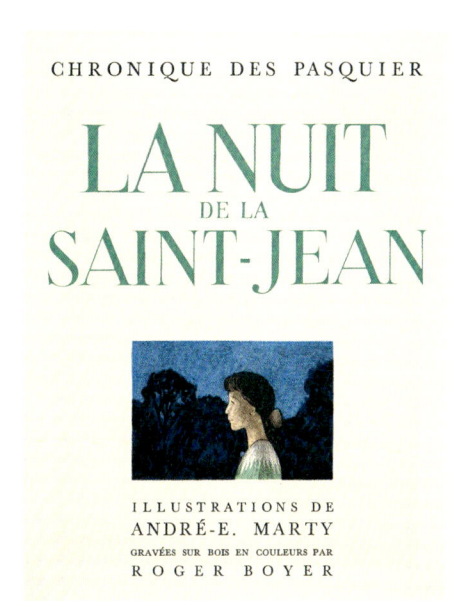

第15章　MARTY　楽譜・ポスター・原画

58 楽譜『ゴベイ薬学研究所』
Les Laboratoires Gobey

出版年：1920年代、出版元：ゴベイ薬学研究所／パリ、イラストレーター：マルティ、複製技法：写真製版、制作：レオン・ユルマン社

◆「ゴベイ薬学研究所」は製薬会社ルーセルの関連機関。ガブリエル・ベイトゥー Gabriel Beytout が自分の姓名のGaとBeyを組み合わせてGabeyという薬学研究所を創ろうとしたが植字工が間違ってGobeyしたことから、「ゴベイ薬学研究所」となった。さまざまな薬用シロップを売り出したことで知られる。1927年にルーセル社に合併。マルティがイラストを描いた楽譜はシロップの拡販用に作られたもの。

（左）
No.1「ロンド」
La Ronde
作詞　ポール・フォール
作曲　C・A・P・リュイサン

「ロンド」の楽譜

（左）
No.3「シャンソン」
Chanson
作詞　アレクサンドル・アルヌー
作曲　C・A・P・リュイサン

（右）
No.4「子守歌」
Berceuse
作詞　A・F・エロルド
作曲　C・A・P・リュイサン

No.5「噂」
Rumeur
作詞　ロベール・ド・モンテスキュー　作曲　C・A・P・リュイサン

No.6「けんか」
La Dispute
作詞　マリ・ヴァンカリス　作曲　C・A・P・リュイサン

No.7「子供の王様」
L'Enfant Roi
作詞　グリレーヌ　作曲　C・A・P・リュイサン

No.8「三羽の小鳥」
Trois Petis Oiseaux
作詞　マリ・ヴァンカリス　作曲　C・A・P・リュイサン

213

59 ポスター『第25回 装飾美術家協会展 会場グラン・パレ 会期5月3日-7月14日』

Société des Artistes Décorateurs
25ᵉ Salon Grand Palais
du 3 Mai au 14 Juillet

◆1901年に創設された「装飾美術家協会」が1935年にグラン・パレで催した第25回協会展のポスター。マルティは1911年に「装飾美術家協会」に出品してイラストレーターとしてのキャリアを始めたので、この展覧会とは縁が深い。

60 『ボン・マルシェ・デパート』1月の年初セールのためにつくったパンフレット

Au Bon Marché
Exposition Unique au Monde,
Pendant tout le mois de Janvier

◆マルティはボン・マルシェに依頼されて、さまざまな媒体に広告イラストを提供している。

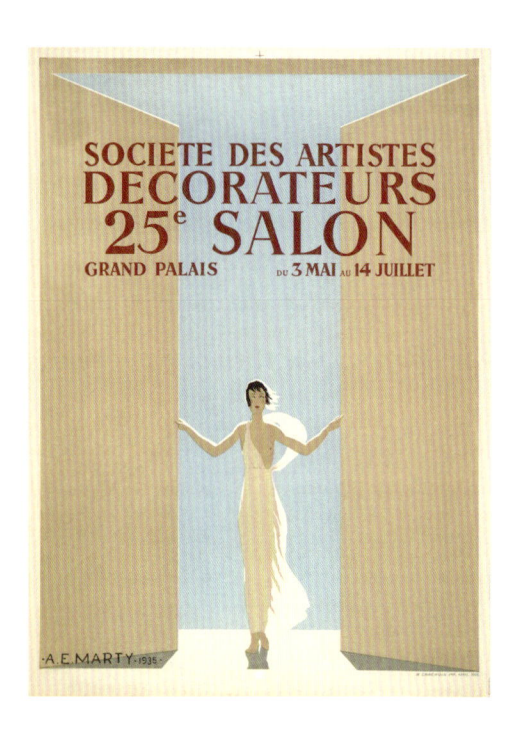

61 『赤ずきんちゃん』フェルナン・ナタン刊

Chaperon Rouge
Fernand Nathan

◆教科書や学習参考書の大手出版社フェルナン・ナタン書店が小学校向けに配布した学習用補助教材。おそらく、教室の壁や廊下に張り出してペローの『コント』の暗唱に役立てようとしたのではないか？ フェルナン・ナタンは19世紀末に設立された教科書会社で、無償の義務教育を定めたジュール・フェリー法のおかげで業績を伸ばした。制作年は1930年代後半ではないかと推定される。

62　マルティの原画『ヴォーグ・アイ　ヴュー・オブ・ザ・モード』
Vogue-Eye View of the Mode

◆マルティが『ヴォーグ』のために描いた表紙イラストの水彩原画2点。目下のところ、2点とも『ヴォーグ』のバック・ナンバーにこの絵柄に相当するような表紙は存在しないようなので、採用されずにマルティの手元に残った原画ではないかと思われる。マルティはルパップと並んで1920年代から1930年代にかけて『ヴォーグ』に頻繁にイラストを提供していた。

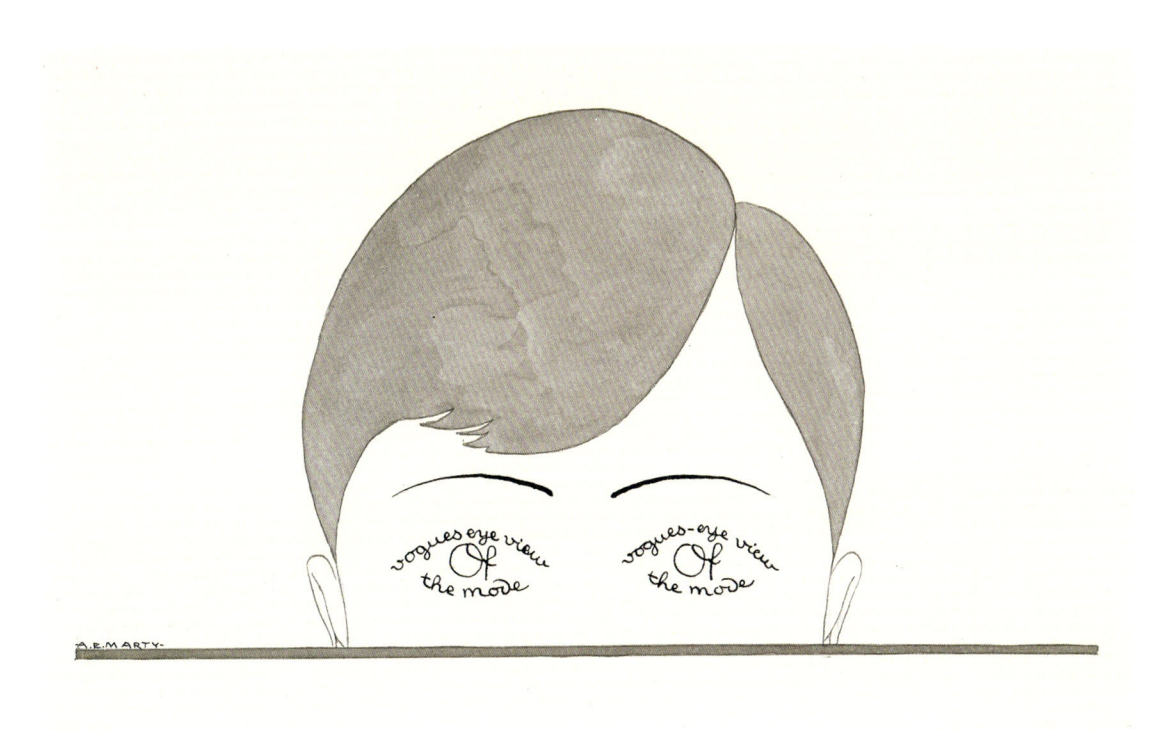

63 マルティの原画『トリエンナーレ・ド・パリ　国際現代美術展』
La Triennale de Paris Exposition Internationale d'Art Contemporain

◆「トリエンナーレ・ド・パリ」というと近年、フランス文化省が「フォルス・ダール（芸術の力）」という名称で推し進めている文化事業を連想させるが、おそらく、それとは違った戦前の企画だろう。マルティの水彩原画が実際に用いられたのか、あるいは拒否されたのかは不明。「トリエンナーレ・ド・パリ」自体も開催されたかどうか不明である。

64 マルティの原画『ベル・ジャルディニエール：制服』
Belle Jardinière : Livrées

◆マルティがパリのデパート「ベル・ジャルディニエール」のために描いたポスターかパンフレット用の水彩原画。ドア・ボーイや門番のための制服や仕着せの販売促進用のものか？

ファッション・プレートと絵画
―19世紀における風俗版画と絵画との関係
小野寛子

主要参考文献
作品目録

ファッション・プレートと絵画
―― 19世紀における風俗版画と絵画との関係

小野寛子

　19世紀の絵画を、ファッションという他分野のフィルターを通して見ることは、ひとつの絵画の見方である。その際、我々の手引きとなるのが、当時多く流通したファッション・プレートである。辞書によるとファッション・プレートとは、「最新流行服装図」[註1]と邦訳されるようであるが、意味するところはその少々ぎこちない訳の通り、「最新のファッションを図にして紹介した版画」のことを指す。

　ファッション・プレートの起こりなどについては、次のように定義されている。「ファッション・プレートは、18世紀の終わりのイギリスとフランスで最初に流通したが、最も一般的になったのは、ファッション写真に取って代わられるまでの1850年頃〜1900年頃であった。大抵は、ファッション誌に挟み込まれていた。それらは、衣服、アクセサリーと髪型の最新の（大抵はフランスの）スタイルをヨーロッパ中の消費者に与えた。……特質上、ファッション・プレートは様々な活動に従事し、ふさわしい衣装を着たブルジョワ階級の人物や場面の描写を表した。多くのファッション・プレートには、それらのファッションを入手できる仕立屋、ブティックそしてデパートの名前と住所に加えて、描写されたファッションについて記述しているキャプションがつけられている。」[註2]

　ここでは、まず19世紀前半に流行したファッションの特徴を、鹿島茂コレクションに収蔵されているいくつかのファッション・プレートに見ながら、その真の役割を紹介する。そして、ファッション・プレートをはじめ、いわゆる風俗版画と絵画との関係性を考察し、19世紀における「見る」「見られる」の関係から成立している社会的慣習について触れる。ファッション・プレートを通して、絵画を見ることは、どのような作品理解を我々に与えるだろうか。

ファッション・プレートに見る19世紀前半のファッションの特徴

　19世紀前半のファッション・プレートを通して、当時の男女のファッションを見ていきたい。『ジュルナル・デ・ダム・エ・デ・モード』(1797-1839)に、1821年の男性の服装を表した1枚がある(cat.1-18)。プレートの通し番号1987のこれには、次のようなキャプションがついている。「パリの衣装：金色のボタンのついたラシャ地の燕尾服。織畝のついたネクタイ。山羊の毛皮のジレ。上と下にギャザーのついた厚織リンネルのパンタロン (Costume Parisien. Habit de drap à boutons dorés. Cravate à côtes. Gilet de poil de chèvre. Pantalon de coutil froncé en haut et en bas.)」　描かれた男性が着用している衣装について、ジャケットからズボンまで、キャプションによって説明が与えられている。この男性が穿いているズボンから、1820年頃の男性ファッションの流行の一端を知ることができる。

　男性服の変化の一つはフランス革命から生まれたとされる。貴族は、長い間、膝丈のキュロットを着用していたが、農民や労働者はくるぶしまで丈のあるパンタロン（長ズボン）を穿いていた。ところが、1789年のフランス革命以降、上流階級の服装で人前に出ることは危険なこととなり、宮廷でのしきたりで着用する場合を除いては、貴族の象徴であるキュロットを誰も穿かなくなったと言われている。よって、ズボンの丈は、1790年代にふくらはぎまで伸び、1800年にはくるぶしまで届いていたとのことである。丈は伸びたものの、1830年頃までのズボンの多くは、身体にぴったりフィットしていた。素材は、伸縮性のあるニットや柔らかい皮などが使用されていた。しかし、その一方で1815年までには、ゆったり

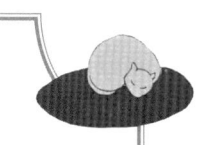

と仕立てたズボンが作られるようになり、ストラップをブーツの下に回し掛けて穿くデザインのものが登場した。それが、このプレートに描かれたタイプのパンタロンである。1810年代末には、男性であってもウエストを細くするという新しい発想に沿って、パンタロンの上部に十分なゆとりを取ったデザインが生まれた。ここに描かれている男性も、パンタロン上部に取ったゆとり分をギャザーに寄せ、ウエストを絞り、腰回りは丸く外に張り出している。(註3)

　ここでは言及しないが、ズボンの他にも、シャツやジレ、コート、靴、帽子などにも様々な変化、その時代ごとの特徴が見られる。

　続いて同じく『ジュルナル・デ・ダム・エ・デ・モード』から、同年代、つまり1820年頃の女性のファッションを見ていきたい。1820年、プレートの通し番号1877のドレス (cat.1-19) には、「パリの衣装：イポリット・ジューヌ氏制作のクレープのターバン。パールと銀の房飾りが飾りつけられた厚手ビロードのドレス (*Costume Parisien.*Turban de crêpe, exécuté par Mr Hyppolite Jeune. Robe de velours plein, garnie de perles et franges d'argent.)」とキャプションがつけられている。ここから、当時流行したドレスの形を知ることができる。

　19世紀初頭のモードであった古典様式の影響を受けた衣装は、1820年代にはすっかり流行遅れとなり、19世紀初頭から膨らみ始めていた袖のボリュームが、1820年代になると目立つようになっていた。その袖のふくらみとスカートが、最も美しいバランスを保っていたのが、20年代初期のドレスだと言われている。「……女性らしい優美さが漂い、色と質感の組み合わせが快く、装飾には誇張し過ぎない程度の多様さが見られた。」(註4)

　このドレスの袖がふくらむ傾向は、1830年代に入るとますます加速し、それに合わせて上半身の幅は大きく広がり、ウエストは細く絞られ、上半身とのバランスをとるようにしてスカートの幅も広がった。この30年代のスタイルは、20年代後半からはじまり30年代末まで続いた。(註5) 1830-31年の『ラ・モード』におけるガヴァルニのファッション・プレート、プレートの通し番号96、「朝の装い (*Toilette du Matin.*)」(cat.8-32) やプレートの通し番号120、「舞踏会の装い (*Toilette de Bal.*)」(cat.8-12) などに、このドレスの形態がよく表れている。

　19世紀前半の男女の装いの特徴について大まかに触れたが、ファッション・プレートを見ると、衣装の形態やディテールを一目で理解できる。キャプションを見ても分かるように、ファッション・プレートは衣服だけにとどまらず、髪型から靴まで、すべてのモードを網羅しているのである。これらのモードは約10年単位でその流行が変化しており、ファッション・プレートを年代順に追うとその変遷が手に取るように分かる。このファッション・プレートの特徴を利用したと指摘されているのが、とりわけ19世紀半ば以降の同時代の画家たちである。

風俗版画と絵画

　19世紀の画家たちが、広く出回っていた風俗版画から制作のインスピレーションを得ていたことは、様々な先行研究によって指摘されている。ファッション・プレートについて言えば、「芸術家たちもまた布地やシルエットの流行をそれら（ファッション・プレート）から引用した。」(註6) また、風俗版画とひとまとめにしているが、風俗画とは「同時代の生活風俗を描いた絵画」(註7) を指すため、政治・社会諷刺

fig. 1
マネ《チュイリュリー公園の音楽会》1862年
カンヴァス・油彩　76.0×118.0cm　ロンドン、ナショナル・ギャラリー蔵

fig. 2
ドゥビュクール《パブリック・プロムナード》1792年
銅版画

fig. 3
マネ《女とオウム》1866年
カンヴァス・油彩　185.1×128.6cm
ニューヨーク、メトロポリタン美術館蔵

fig. 4
ガヴァルニ
《ガウンを着たロレットとオウム》
1842年　リトグラフ

fig. 5
ティソ《L.L.嬢の肖像》1864年
カンヴァス・油彩　124.0×99.5cm
パリ、オルセー美術館蔵

fig. 6
「レ・モード・パリジェンヌより、
晩餐会用の白い綿モスリンの
ドレスを着た女性と外出用ドレス
を着た女性」
『ピーターソンズ・マガジン』
1865年8月号
スチール・エングレーヴィング・
手彩色　19.0×14.2cm
ニューヨーク、メトロポリタン
美術館蔵

画、ファッション・プレート、生活情景や風習を主題としたものなど様々であり、それらを広く一般に普及し易い版画で制作したものを風俗版画とする。

　例えば、エドゥアール・マネ（Édouard Manet ／ 1832-1883）の《チュイリュリー公園の音楽会》(1862) (fig.1)は、当時の上流階級の日常に見られる「優雅な情景」を描いたものであるが、風俗版画からの影響が指摘されている。このような「公園における優雅な世界」を主題とした版画は、フィリベール=ルイ・ドゥビュクール（Philibert-Louis Debucourt ／ 1755-1832）の《パブリック・プロムナード》(1792) (fig.2)などの18世紀の版画に既に見られる風俗的主題である。(註8) このような主題は19世紀の風俗版画においても広く受け継がれており、マネは作品制作の参考にしたと推察されている。(註9)

　また、同時代の風俗版画からの影響が指摘されるマネ作品に、《女とオウム》(1866) (fig.3)がある。この作品は、ガヴァルニの《ガウンを着たロレットとオウム》(1842) (fig.4)からインスピレーションを得たようだ。(註10)

　風俗版画から影響を受けたのはマネに限ったことではない。ジェームス・ティソ（James Tissot ／ 1836-1902）の《L.L.嬢の肖像》(1864) (fig.5)を見ると、同じ時期のファッション・プレートを衣装の描写の参考にしたと思われる。この肖像画では、赤いボレロが印象的であるが、これは時のウジェニー皇后によってもたらされたスペインブームによるものである。(註11) 1865年のファッション・プレート (fig.6)に、この赤いボレロとそっくりな衣装が描かれていることからも、スペインブームが反映されたモードを紹介するファッション・プレートが多く出回っていたようである。ティソは、衣装の細部を表現するためにそれらを用いたのだろう。(註12)

　ティソに比べて、ファッション・プレートとの関係性がより強く断定されているのが、クロード・モネ（Claude Monet ／ 1840-1926）の《緑衣の女（カミーユの肖像）》(1866) (fig.7)である。この肖像画で、モネの恋人（後の妻）、カミーユが着用しているドレスと同様のドレスを1865年のファッション・プレート (fig.8)に見ることができる。それは上着からスカートまでそっくりなデザインで、カミーユのポーズも、相違点は左右が逆な点を除いては、ファッション・プレートの

220

モデルと極めて類似している。モネがこのプレートを参考にしたことは、間違いないだろう。(註13)

　この頃の画家が、あらゆるタイプの風俗版画からインスピレーションを得、描写の参考にしたということは、この時代の特徴である。新聞・雑誌などの印刷物が刊行され、様々な種類の風俗版画がこれまでになく多く出回り、故にそれらを容易に手に取ることができ、また中には芸術的レベルの高い作品も存在した。マネのように現代生活を描こうとした画家たち(註14)にとっては、あらゆる生活情景をそのまま映した風俗版画は恰好の材料であっただろう。

fig. 7
モネ《緑衣の女（カミーユの肖像）》
1866年　カンヴァス・油彩
231.0×151.0cm　ブレーメン美術館蔵

fig. 8
『プティ・クーリエ・デ・ダム　86』
1865年11月18日号より

「見る」と「見られる」

　ファッション・プレートなどの風俗版画は、画家たちが「現代性」を表すために不可欠な要素であった。流行のドレスを纏った女性たちが集まる場所では、「見る」「見られる」の関係によって成り立つ社会が存在し、その様子を画家たちは明確に捉えている。

　舞踏会やオペラ座での観劇などにおいて、それは起こる。ピエール＝オーギュスト・ルノワール（Pierre-Auguste Renoir ／ 1841-1919）の《桟敷席》(1874)(fig.9)、メアリー・カサット（Mary Stevenson Cassatt ／ 1844-1926）の《オペラ座の黒衣の女（ボックス席にて）》(1878)(fig.10)、《桟敷席の真珠のネックレスをつけた女性》(1879 ／フィラデルフィア美術館蔵)に共通して描かれているのは、着飾った女性たちと、オペラ・グラスで舞台ではない場所を覗く男性たちの姿である。この男性たちの目的は、もちろん女性たちを見るためであり、それは女性の方でも心得ていた。「……観劇本来の目的ももちろん大切なのだが、それ以上に重要なのは、そこで観客から「見られる」ことである。つまり、社交界にデビューした名家の令嬢は、人々から注目されるために、こうした劇場に出かけなければならないのである。」(註15) このような習慣がある以上は、「見られる」側は、劇場においてそれにふさわしい場所に座っている必要がある。それこそ、ここに挙げた作例のタイトルとなっている「桟敷席、つまりボックス席」である。「……ボックス席は、舞台を見るのにはかならずしも適した場所ではない。……にもかかわらず、この席が高いのは、そこが、観客から「見られる」のに最も適した場所だからである。イタリア座やオペラ座では、社交界の貴婦人や令嬢は、教養のためにオペラを観劇すると同時に、そこにやってきた男たちから「観劇」されるという二重の役割を担っていたのである。」(註16)

　観劇風景におけるこの「見る」「見られる」の関係は、「オペラ・グラスで覗く人」という存在によって、画中に明確に捉えられている。しかし、これほどはっきりと「見る」「見られる」の関係を示す描写はなく

fig. 9
ルノワール《桟敷席》1874年
カンヴァス・油彩　80.0×63.5cm
ロンドン、コートールド・ギャラリー蔵

fig. 10
カサット《オペラ座の黒衣の女（ボックス席にて）》
1878年　カンヴァス・油彩　81.3×66.0cm
ボストン美術館蔵

とも、先に登場したマネの《チュイリリー公園の音楽会》や、ジャン・ベロー（Jean Béraud ／ 1849-1935）の《舞踏会》(1878)(fig.11)などに描かれた社交場においても、この関係性は存在した。

　前者の舞台、チュイリリー公園は貴婦人たちの散歩の場であり、そこにはパリのおしゃれな若い男性たちも集まった。彼らは互いに「見る」「見られる」ことを自覚しており、若い男性は自らの装いと振る舞いを貴婦人たちに見られ、貴婦人たちは若い男性たちにその美しさを見られる男女の出会いの場でもあった。つまり、「チュイルリ公園は、19世紀の社交生活においては今日では考えられないような重要な地位を占めていた。この公園は、貴婦人とダンディーにとって、一種の「デート・スポット」のような役割を果たしていたからである。」(註17)

　一方で、チュイリュリー公園では日曜日になるとより、あからさまで上品とは言い難い「見る」「見られる」の「現象」がしばしば生じたようである。これは「貴婦人とダンディー」の間における上流階級の習慣というものとは異なっており、その一場面はジャン＝アンリ・マルレ（Jean-Henri Marlet／1771-1847）による『タブロー・ド・パリ』（第1回配本1821年頃〜第11回1824年頃）に描かれた《チュイルリー公園での散歩》(fig.12)に描かれている。ここでは、散歩途中で椅子に腰を下ろした母親と可愛らしい女の子を一目見ようと、彼女たちを取り囲む野次馬の姿が描かれている。「マルレが描いている群衆の中では、やはり男のヤジ馬の姿が目につく。洒落者の老人と若いダンディが多い。……マルレがここでわれわれに示そうとしたのは、まちがいなく日曜日の群集である。すなわち、上流階級の《上品さ》とは無縁の、新しい流行にすぐに驚きの声をあげる商店主や書記などの中小のブルジョワたちである。それにしても、このヤジ馬たちはなんと軽佻浮薄なのだろう！」(註18) 種類は違えども、19世紀のチュイリュリー公園は、上流階級にとってもブルジョワたちにとっても、「見る」「見られる」場所であったのだ。マルレの作品では、野次馬たちの送る視線があからさまに表現されている。いわゆるファイン・アートの絵画では表現されない、社会的慣習の「あけすけな」「あからさまな」部分を捉えることこそ、風俗版画の本質である。

　後者の舞台、貴族や大ブルジョワが集う舞踏会での「見る」「見られる」の様子は、ティソの《夕べ》(1878)(fig.13)にその雰囲気を読み取れる。黄色いドレスに身を包んだ、若く美しい女性が白髪の男性に伴われ、舞踏会の会場に足を踏み入れようとしている。彼女が「社交界デビューのための初ステップを踏みだすときの令嬢」(註19)であるかは定かでないが、若く美貌の女性の登場に、まるで値踏みするかのように鋭い視線を投げかけている女性の姿が見える。

fig. 11
ベロー《舞踏会》1878年
カンヴァス・油彩　65.0×117.0cm　パリ、オルセー美術館蔵

fig. 12
マルレ《チュイルリー公園での散歩》『タブロー・ド・パリ』　リトグラフ

fig. 13
ティソ《夕べ》1878年
カンヴァス・油彩
90.0×50.0cm
パリ、オルセー美術館蔵

fig. 14
ティソ《野心を抱く女》1885年
エッチング・ドライポイント
39.7×25.4cm

後にティソは、この作品に少々アレンジを加えた、《野心を抱く女》(1883-85／オルブライト＝ノックス美術館蔵)を制作している。ここでは、《夕べ》において入場する彼女に視線を向けていた女性の姿はなく、変わって彼女に視線を送る男性たちが描きこまれている。彼らの視線とこの作品に付与されたあからさまなタイトルから、彼女は「はじめての舞踏会に心躍らせる娘」というよりは、自らの若さと美貌を武器に舞踏会において「成功する(政治的に活躍する)」(註20)チャンスを掴もうとしている女性であることは明白である。ティソは、舞踏会で繰り広げられる一場面をはっきりと表現し、舞踏会という社交の場の本質を捉えた。また、彼は同タイトルの版画作品(fig.14)も制作している。

　19世紀の社交の舞台に登場する男女にとって、「見て、見られる」ことは至極当然のことであった。「見る」「見られる」の関係は、とりわけ上流階級の慣習を読み解く上で、重要な現象のひとつである。そして、社会現象を読み解くことは、絵画の本質をより正確に捉えることに繋がっている。

おわりに

　その時代の習慣、文学、ファッションなどの他の分野を通して、絵画作品にアプローチする見方は、私たちに新たな作品解釈を与えてくれる。それは特に、19世紀という時代において、同時代を映そうとした画家たちの作品を読み解くためには、極めて効果的と言えよう。リアリティある時代の息吹を我々に感じさせる風俗版画は、私たちに新たな作品解釈をもたらす導き手として、ファイン・アートの世界においてもその存在感を高めている。

（おの・ひろこ　練馬区立美術館学芸員）

(註1) 『ジーニアス英和辞典』第3版、大修館書店
(註2) *Impressionism, Fashion, & Modernity*, The Art Institute of Chicago/The Metropolitan Museum of Art, New York/Musée d'Orsay, Paris, Yale University Press, New Haven and London, 2012, pp.300-301.
(註3) 一連の男性のズボンについて、以下を参照。ブランシュ・ペイン『ファッションの歴史―西洋中世から19世紀まで』、古賀敬子訳、八坂書房、2006年、381-382頁
(註4) 前掲書、『ファッションの歴史』、425頁
(註5) 一連の女性のドレスについて、以下を参照。前掲書、『ファッションの歴史』、425-426頁
(註6) Ibid., p.300.
(註7) 『広辞苑』第5版、岩波書店
(註8) *Grandville: Dessins originaux*, exh., Musée des Beaux-Arts de Nancy, 1986, pp.92-93.
(註9) マネ作品と風俗版画との関係や「現代生活」におけるシャルル・ボードレール(Charles-Pierre Baudelaire ／ 1821-1867)が言うところの「優雅な生活」の一場面である《チュイリュリー公園の音楽会》について、先行研究を概観した以下を参照。拙論「グランヴィルとマネ―絵画との関係」、鹿島茂『鹿島茂コレクション1　グランヴィル―19世紀フランス幻想版画―』、求龍堂、2011年、146-151頁
(註10) Ibid., *Impressionism, Fashion, & Modernity*, pp.29-31.「女とオウム」という主題は風俗版画に頻繁に登場する。cat.11-9, cat.24-1もその一例。
(註11) Ibid., *Impressionism, Fashion, & Modernity*, p.234.
　ここでも簡単に言及されている19世紀フランスにおけるスペインブームについてであるが、1808年のナポレオン・ボナパルトによるスペイン侵略がそのはじまりであったようである。その折、ナポレオンはスペイン王室コレクションの引き渡しを求めた。七月王政時代の1838年、時の王ルイ・フィリップは、ナポレオンが持ち帰った美術品で、ルーヴル美術館に「スペイン美術館」を創設した。そして、このようなスペインブームの土壌が築かれた約20年後の1860年、ナポレオン3世がスペイン貴族の令嬢を皇妃に迎えたことからスペインブームに火が付いたと言われている。
(註12) Ibid., *Impressionism, Fashion, & Modernity*, p.234.
(註13) Ibid., *Impressionism, Fashion, & Modernity*, pp.46-47.
(註14) ボードレールは「現代生活の英雄性について」の中で、「現代生活」を描くことの必要性を説いている。マネが同時代の生活を描くようになったのは、ボードレールの影響によるところが大きい。また、近代生活を描いた画家コンスタンタン・ギースについて、ボードレールは「現代生活の画家」で論じている。
　シャルル・ボードレール「現代生活の英雄性について」『ボードレール全集3　美術批評　上』、阿部良雄訳、筑摩書房、1985年
　シャルル・ボードレール「現代生活の画家」『ボードレール全集4　散文詩・美術批評　下・音楽批評・哀れなベルギー』、阿部良雄訳、筑摩書房、1987年
(註15) 鹿島茂『明日は舞踏会』、作品社、1997年、96頁
(註16) 前掲書、『明日は舞踏会』、97頁
(註17) 前掲書、『明日は舞踏会』、52頁
(註18) ギョーム・ド・ベルティエ・ド・ソヴィニー「チュイリュリー公園での散歩」『タブロー・ド・パリーバルザックの時代の日常生活』、鹿島茂訳、新評論、1984年、86頁
(註19) 前掲書、『明日は舞踏会』、87頁
(註20) ジュール・クラルティの小説『大臣閣下の妻』から、当時の上流階級の女性が抱く野心とは政治的に活躍することであったことが推察でき、ティソが描いた女性もそのようなタイプの女性であると言及されている。(『モードと諷刺―時代を照らす衣服―ルネサンスから現代まで』、栃木県立美術館、1995年、115頁)

主要参考文献
(発表年代順)

19世紀

ギョーム・ド・ベルティエ・ド・ソヴィニー『タブロー・ド・パリ―バルザックの時代の日常生活』、鹿島茂訳、新評論、1984年

シャルル・ボードレール『ボードレール全集』、Ⅲ・Ⅳ／美術批評上・下、阿部良雄訳、筑摩書房、1985年・1987年

ジュディス・ウェクスラー『人間喜劇：十九世紀パリの観相術とカリカチュア』、高山宏訳、ありな書房、1987年

鹿島茂『馬車が買いたい！―19世紀パリ・イマジネール』、白水社、1990年

鹿島茂『新聞王伝説―パリと世界を征服した男ジラルダン』、筑摩書房、1991年

鹿島茂『絶景、パリ万国博覧会 サン＝シモンの鉄の夢』、河出書房新社、1992年

石子順『カリカチュアの近代：7人のヨーロッパ風刺画家』、柏書房、1993年

林田遼右『ベランジェという詩人がいた―フランス革命からブルボン復古王朝まで―』、新潮社、1994年

Maguet, F. & Tricaud, A., *Parler proviances-des images, des costumes*, (Les dossiers du Musée national des arts et traditions populaires 3), 1994.

小倉孝誠『19世紀フランス夢と創造：挿絵入新聞「イリュストラシオン」にたどる』、人文書院、1995年

鹿島茂『パリ・世紀末パノラマ館：エッフェル塔からチョコレートまで』、角川春樹事務所、1996年

小倉孝誠『19世紀フランス光と闇の空間：挿絵入新聞「イリュストラシオン」にたどる』、人文書院、1996年

鹿島茂『子供より古書が大事と思いたい』、青土社、1996年

小倉孝誠『19世紀フランス愛・恐怖・群衆：挿し絵入新聞「イリュストラシオン」にたどる』、人文書院、1997年

鹿島茂『明日は舞踏会』、作品社、1997年

鹿島茂『愛書狂』、角川春樹事務所、1998年

林田遼右『カリカチュアの世紀』、白水社、1998年

トーマス・ライト『カリカチュアの歴史：文学と美術に現れたユーモアとグロテスク』、幸田礼雅訳、新評論、1999年

鹿島茂『職業別パリ風俗』、白水社、1999年

平島正郎・菅野昭正・高階秀爾『徹底討議 19世紀の文学・芸術』、青土社、2000年

鹿島茂『人獣戯画の美術史』、ポーラ文化研究所、2001年

Mahérault, J./Bocher, E., *GAVARNI; Catalogue Raisonné of The Graphic Work*, San Francisco Alan Wofsy Fine Arts, 2004. (A revision of the 1873 edition)

鹿島茂『60戯画：世紀末パリ人物図鑑』、中央公論新社、2005年

鹿島茂『それでも古書を買いました』、白水社、2003年

〔複製〕*Le diable à Paris : Paris et les Parisiens. 1-2* (『Le diable à Paris別冊解説』)、アティーナ・プレス、2006年

鹿島茂『鹿島茂コレクション1 グランヴィル―19世紀フランス幻想版画』、求龍堂、2011年

ミシェル・サボリ『ローズ・ベルタン マリー・アントワネットのモード大臣』、北浦春香訳、白水社、2012年

アール・デコ

Mornand, Pierre, *6 Artistes du Livre*, Le Courrier Graphique, Paris, 1940

青木英夫『20世紀のモード』、淡路書房、1955年

ポール・ポワレ『ポール・ポワレの革命：20世紀パリ・モードの原点』、能沢慧子訳、文化出版局、1982年

Lepape, C./Defert, Th., *Georges Lepape ou l'élégance illustrée*, Herscher, Paris, 1983.

Gaudriaut, Raymond, *La Gravure de la mode féminine en France*, Les Éditions de l'Amateur, 1983

Mackrell, Alice, *Paul Poiret*, Holmes & Meier, New York, 1990.

マドレーヌ・ギンズバーグ『アール・デコ・コスチューム』、由水常雄監・訳、千毯社、1990年

ジュリアーノ・エルコリ『アール・デコのポショワール―手彩色版画の魅力―』、末永航・中条衣訳 同朋舎出版 1992年

鹿島茂『バルビエ・コレクションⅠ～Ⅲ』、リブロポート、1992-94年

荒俣宏『Wonder books 2：見たこともない綺麗な本2―不思議のアールデコ』、みき書房、1994年

深井晃子『20世紀モードの軌跡』、文化出版局、1994年

Sous la direction de Bruno Remaurey, *Dictionnare de la Mode au XXᵉ siècle*, Éditions du Regard, Paris, 1994

ブリュノ・デュ・ロゼル『20世紀モード史』、西村愛子訳、平凡社、1995年

荒俣宏『Wonder books 4：天使のワードローブ』、みき書房、1995年

荒俣宏『流線型の女神：アールデコ挿絵本の世界』、牛若丸、1998年

Weil, Alein, *La Mode Parisienne La Gazette du Bon Ton 1912-1925*, Bibliothèque de l'Image, 2000

塚田朋子『ファッション・ブランドの起源：ポワレとシャネルとマーケティング』、雄山閣、2005年

深井晃子『ファッションの世紀：共振する20世紀のファッションとアート』、平凡社、2005年

鹿島茂『ジョルジュ・バルビエ画集 永遠のエレガンスを求めて』、六耀社、2008年

海野弘『優美と幻想のイラストレーター ジョルジュ・バルビエ』、パイインターナショナル、2011年

海野弘『夢見る挿絵の黄金時代 フランスのファッション・イラスト』、パイインターナショナル、2012年

鹿島茂『鹿島茂コレクション2 バルビエ×ラブルール―アール・デコ、色彩と線描のイラストレーション』、求龍堂、2012年

展覧会カタログ

『フランスの版画　16世紀—19世紀』、町田市立国際版画美術館、1987年

『風刺の毒』、埼玉県立近代美術館、1992年

『アール・デコの世界—ファッションを中心として』、下関市立美術館、福島県立美術館、他、1993-94年

『版画とボードレール：詩人が語る19世紀フランス版画』、町田市立国際版画美術館、1994年

『モードと諷刺：時代を照らす衣服—ルネサンスから現代まで』、栃木県立美術館、1995年

『ガヴァルニ展　19世紀パリの生活情景』、伊丹市立美術館、1999年

『ラ・カリカチュール—王に挑んだ新聞』、町田市立国際版画美術館、2003年

『都市のフランス　自然のイギリス—18・19世紀絵画と挿絵本の世界』、栃木県立美術館、2007年

『香りと恋心：バルビエのイラストレーションと香水瓶』、資生堂企業文化部、2007年

『ポワレとフォルチュニィ：20世紀モードを変えた男たち』、東京都庭園美術館、2009年

George Barbier (1882-1932) La nascita del Déco, Museo Fortuny, Venezia, 2009.

『挿絵本の世界：本と挿絵のステキな関係』、町田市立国際版画美術館、2010年

Impressionism, Fashion, & Modernity, Musée d'Orsay, Paris/The Metropolitan Museum of Art, New York/The Art Institute of Chicago, Yale University Press, New Haven, 2012.

書誌情報

Beraldi, Henri, *Les Graveurs du XIXe Siècle: Guide de l'amateur d'estampes modernes*, Librairie L. Conquet, 1885

Vicaire, Georges, *Manuel de l'amateur de livres du XIXe siècle 1801-1893*, Librairie A. Rouquette, 1894

Carteret, L., *Le Trésor du Bibliophile romantique et moderne 1801-1875*, L. Carteret, Éditeur, 1927

Colas, René, *Bibliographie Générale du costume et de la mode*, Librairie René Colas, 1933

Osterwalder, Marcus, *Dictionnaire des Illustrateurs 1800-1914*, Hubschmid & Bouret, 1983

Osterwalder, Marcus, *Dictionnaire des Illustrateurs 1914-1984*, Ides & Calendes, 1992

Monod, Luc, *Manuel de l'Amateur de Livres Illustrés Modernes*, 2 volumes, Ides & Calendes, Paris, 2000.

《個別イラストレーター研究》

Valotaire, Marcel, *Les Artistes du Livre—Charles MARTIN*, Henry Babou, 1928

『挿絵画家—マルタン』、著：マルセル・ヴァロテール、序文：ピエール・マッコルラン、編集：マルセル・ヴァロテール、出版：アンリ・バブー書店／パリ刊、出版年：1928年、挿絵：マルタン、肖像画：アンドレ・ディニモン、挿絵技法：木版、エッチングなど、図版数：口絵の肖像画1葉、別丁図版16葉（その内9葉彩色）、部数及び紙：750部（非売品含む）[内訳：50部（局紙、マルタンのオリジナル木版画1葉が付いている）、650部（白色ヴェラン紙）、そして非売品の50部（I～Lのマーク入り）]

　パリのアンリ・バブー書店から1928～32年の間に刊行された全12巻からなる挿絵画家紹介のシリーズ本。マルタンの他に、バルビエ、ラブルール、マルティ、ボナールなどが取り上げられている。それぞれ限定700部が刊行され、挿絵画家たちに対する論評と書誌、そして代表作の復刻作品が挿入されている。復刻作品は、額装できるようにアン・フーユ（未綴じ）で、技法も忠実に、復刻と言えども原典に劣らないレベルを保っている。

　鹿島茂コレクションには、装丁されたNo.502が収蔵されている。

Dulac, Jean, *Les Artistes du Livre—André É. MARTY*, Henry Babou, 1930

『挿絵画家—A・É・マルティ』、著：ジャン・デュラック、序文：ジェラール・ドゥーヴィル、編集：ジャン・デュラック、出版：アンリ・バブー書店／パリ刊、出版年：1930年、挿絵：マルティ、肖像画：デュノワイエ・ド・スゴンザック、挿絵技法：エッチングなど、図版数：口絵の肖像画1葉、別丁図版11葉（その内7葉彩色）、部数及び紙：750部（非売品含む）[内訳：50部（局紙、マルタンのオリジナル版画1葉が付いている）、650部（白色ヴェラン紙）、そして非売品の50部（I～Lのマーク入り）]

　鹿島茂コレクションには、アン・フーユのNo.599が収蔵されている。

作品目録

19世紀のイラストレーター

1　ヴェルネ／ランテ他
　ジュルナル・デ・ダム・エ・デ・モード
　Journal des Dames et des Modes
　1797-1839年／15.6×11.3／エングレーヴィング・手彩色

2　ヴェルネ／ランテ
　アンクロワイヤーブル・エ・メルヴェイユーズ
　Incroyables et Merveilleuses
　1810-18年／42.2×28.4／エングレーヴィング（ガッティーヌ）・手彩色／全33点

3　パリの女性の服装：パリの働く女たち
　Costumes Parisiens: Les Ouvrières de Paris
　1824年頃／23.5×15.3／エングレーヴィング（ガッティーヌ）・手彩色

3-1　ランテ　パリ、ボックス席の案内嬢
　　　　　　　Paris. Ouvreuse de Loge. (30)
3-2　ランテ　パリ、女中
　　　　　　　Paris. Bonne. (12)
3-3　ランテ　パリ、小間使い
　　　　　　　Paris. Femme de Chambre. (5)
3-4　ランテ　パリ、歌唱学校の女子生徒
　　　　　　　Paris. Elève d'une École de Chant. (19)
3-5　ランテ　パリ、髷編みの女職人
　　　　　　　Paris. Tresseuse de Cheveux. (37)
3-6　ランテ　パリ、小間物行商人
　　　　　　　Paris. Mercière Ambulante. (13)

4　コー地方、および古ノルマンディー地方のいくつかの郡の女性の衣装
　Costumes des Femmes du Pays de Caux, et de Plusieurs Autres Parties de l'Ancienne Province de Normandie
　1827年／32.5×28.5／エングレーヴィング（ガッティーヌ）・手彩色

4-1　ランテ　コー地方のサン・ヴァレリーの衣装
　　　　　　　Costume de Saint Valery en Caux. (No.59)　後刷と思われる
4-2　ランテ　クタンスの衣装
　　　　　　　Costume de Coutances. (No.27)
4-3　ランテ　ルーアンの衣装
　　　　　　　Costume de Rouen. (No.17)
4-4　ランテ　アヴランシュの衣装
　　　　　　　Costume d'Avranches. (No.85)
4-5　ランテ　ディエップのポレにおける祭日の装いの女性
　　　　　　　Femme du Polet, à Dieppe, en Habit de Fête. (No.73)

5　ハンブルク、ティロル、オランダ、スイス、フランケン、スペイン、ナポリ王国等の女性の衣装
　Costumes des Femmes de Hambourg, du Tyrol, de la Holande, de la Suisse, de la Franconie, de l'Espagne, du Royaume de Naples, etc.
　1827年／32.5×24.6／エングレーヴィング（ガッティーヌ）・手彩色・一部写真製版

5-1	ランテ （スイス）ベルヌ（ベルン）の牛乳売りの女	
	Laitière de Berne.（No.14）　後刷と思われる	
5-2	ランテ （スイス）ソルール州の娘	
	Jeune Fille du Canton de Soleure.（No.22）　後刷と思われる	
5-3	ランテ （スイス）ソルール州の娘	
	Jeune Fille du Canton de Soleure.（No.21）　後刷と思われる	
5-4	ランテ （スイス）バーデン近郊にあるアルゴヴィア州の若い女性	
	Jeune Femme du Canton d'Argovie, dans les Environs de Baden.（No.28）　後刷と思われる	
5-5	ランテ スイス、ウーリ州の娘	
	Jeune Fille du Canton d'Uri, en Suisse.（No.41）　後刷と思われる	
5-6	ランテ スイス、ウンターヴァルデン州の娘	
	Jeune Fille du Canton d'Unterwalden, en Suisse.（No.37）　後刷と思われる	
5-7	ランテ スイス、シュルゴヴィア州の娘	
	Jeune Fille du Canton de Shurgovie, en Suisse.（No.39）　後刷と思われる	

6 　ランテ
上流階級と中流階級
Haute et Moyenne Classes
1828年頃／33.8×24.5／エングレーヴィング（ガッティーヌ）・手彩色／全14点

7 　ランテ
才能、地位、美貌により有名となった女性たちのフランス・ギャラリー
Galerie Française de Femmes Célèbres
1841年／35.3×27.0／エングレーヴィング（ガッティーヌ）・手彩色／全70点

8 　ガヴァルニ他
ラ・モード
La Mode
1829-54年／23.0×16.4／鋼版画・手彩色・一部石版

9 　ガヴァルニ
フランス人の自画像
Les Français Peints par Eux-mêmes
1840-42年／26.5×18.0／版元手彩色の木口木版

10 　ガヴァルニ他
パリの悪魔
Le Diable à Paris
1845-46年／27.5×19.0／木口木版

20世紀のイラストレーター

11 　ルパップ
ジョルジュ・ルパップが見たポール・ポワレの作品
Les Choses des Paul Poiret vues par Georges Lepape
1911年／32.5×28.5／ポショワール

12	ルパップ	
	モード・エ・マニエール・ドージュルデュイ（今日のモードと着こなし）	
	Modes et Manières d'Aujourd'hui, 1912	
	1912年／27.7×18.1／ポショワール／全12点	

13	ルパップ	
	モード・エ・マニエール・ドージュルデュイ（今日のモードと着こなし）	
	Modes et Manières d'Aujourd'hui, 1914-19	
	1921年／27.7×18.1／ポショワール／全12点	

14	ガゼット・デュ・ボン・トン―芸術、モード、アクセサリー	
	Gazette du Bon Ton. Art, Modes et Frivolités	
	1912-25年／24.7×19.0／ポショワールおよび写真製版（後期のもの）	

14-1　ルパップ　ジル（張りぼて人形）：冬用の大きなコート
　　　　　　Gilles. Grand manteau pour l'hiver.
　　　　　　1912年（No.1-Pl. I）

14-2　ルパップ　倦怠：晩餐会のドレス、ポール・ポワレ作
　　　　　　Lassitude. Robe de dîner, de Paul Poiret.
　　　　　　1912年（No.1-Pl. VIII）

14-3　ルパップ　ペネロペ：室内用ドレス
　　　　　　Pénélope. Robe d'intérieur.
　　　　　　1912年（No.3-Pl. II）

14-4　ルパップ　どれにしたらいいか分からない：ポール・ポワレの婦人用スーツ
　　　　　　L'Embarras du Choix. Costume tailleur de Paul Poiret.
　　　　　　1912年（No.3-Pl. VI）

14-5　ルパップ　女性と操り人形：マリオネット
　　　　　　La Femme et les Pantins. Marionnettes.
　　　　　　1913年2月（Pl. II）

14-6　ルパップ　ヴェルサイユの庭園：ポール・ポワレの衣装、ルイ14世風
　　　　　　Les Jardins de Versailles. Costume de Paul Poiret dans le goût Louis XIV.
　　　　　　1913年2月（Pl. V）

14-7　ルパップ　日傘
　　　　　　Des Ombrelles.
　　　　　　1913年4月（Pl. III）

14-8　ルパップ　嫉妬深い男：ポール・ポワレのイブニングドレス
　　　　　　Le Jaloux. Robe du soir de Paul Poiret.
　　　　　　1913年4月（Pl. X）

14-9　ルパップ　リボン
　　　　　　Des Rubans.
　　　　　　1913年5月（Pl. II）

14-10　ルパップ　レモン：ポール・ポワレの夏のドレス
　　　　　　Les Citrons. Robe d'été de Paul Poiret.
　　　　　　1913年6月（Pl. VIII）

14-11　ルパップ　月の光を浴びながら：ポール・ポワレのイブニング・コート
　　　　　　Au Clair de la Lune. Manteau du soir de Paul Poiret.
　　　　　　1913年7月（Pl. VII）

14-12 　ルパップ　なんて暑いの：ポール・ポワレの夏の帽子
　　　　　　　　Il fait trop chaud. Chapeau d'été de Paul Poiret.
　　　　　　　　1913年8月 (Pl. VI)
14-13 　ルパップ　ほら、夕立よ！：ポール・ポワレのアフタヌーンドレス
　　　　　　　　Voici l'Orage! Robe d'après-midi, de Paul Poiret.
　　　　　　　　1920年7月 (Pl. 45)

15　フイエ・ダール
Feuillets d'Art
第1期 1919年5月〜1920年7月　第2期 1921年9月〜1922年10月／33.0×26.4／ポショワール

　　ルパップ　赤い鏡の女
　　　　　　　Femme au Miroir Rouge
　　　　　　　1919年5月

16　ヴォーグ
Vogue
1892年-現在／32.3×24.6／カラー写真製版

　　ルパップ　大嵐の後で：パリ・オープニング・ナンバー
　　　　　　　Après la Tempête, Paris Openings Number, April First 1919
　　　　　　　1919年4月1日号
　　ルパップ　秋の新作およびヴォーグ・オリジナル・デザイン
　　　　　　　Autumn Fabrics & Original Vogue Designs, September 1.1923
　　　　　　　1923年9月1日号

17　ルパップ
出所不明のイラスト
制作年不詳／31.4×24.4／板目木版

18　私たちの洗礼
Nos Baptêmes
刊行年不詳／24.5×32.5／カラー写真製版

　　ルパップ　優しく見つめる！
　　　　　　　Tendre contemplation!（No.968, Série 7）

19　ルパップ
ポスター『ファッション業界舞踏会　シャン・ゼリゼ劇場にて　2月14日土曜日』
Bal de la Couture au Théâtre des Champs-Élysées, Samedi 14 Février
1924年／82.7×42.2／多色刷石版

20　ルパップ
青い鳥—夢幻劇—
L'Oiseau Bleu
1925年／24.0×17.0／ポショワール・水彩

28 ラ・ヴィ・パリジェンヌ
La Vie Parisienne
1863-1930年代／33.0×25.8／多色刷石版・写真製版
マルタン　1913年12月6日号
マルタン　1914年

29 ファンタジオ
Fantasio
1906-19年／30.0×21.0／カラー写真製版
マルタン　1919年4月15日号
マルタン　1919年11月15日号

30 マルタン
植木鉢の下で
Sous les Pots de Fleurs
1917年／29.8×19.8／写真製版

31 マルタン
スポーツと気晴らし
Sports & Divertissements
1914年（実際には1919年出版）／39.5×43.6／エングレーヴィング・ポショワール／全20点

32 マルタン
貴社の栄光と商品の高品質に常に配慮せよ！瑕瑾（かきん）なければ、貴社の利益は社会全体の利益となるにちがいない
Soignez la Gloire de Votre Firme et l'Excellence de Vos Marchandises, Car, si Vous les Jugez Bonnes, Votre Intérêt Devient l'Intérêt Général.
1924年／38.8×31.5／写真製版

33 マルタン
ティト・バッシのヒロイックな幻影
L'Illusion Héroïque de Tito Bassi
1925年／25.5×19.5／カラー・アクアチント

34 マルタン
アルフレッド・ド・ミュッセ作品全集
Œuvres Complètes, Alfred de Musset
1925-29年／23.9×18.8／写真製版

35 マルタン
ワイン閣下、酒飲み術　準備し、給仕し、飲む
Monseigneur le Vin - L'Art de Boire, Préparer, Servir, Boire
1927年／20.5×15.0／写真製版

36		マルタン
		ブランブル大佐の沈黙
		Les Silences de Colonel Blamble
		1929年／21.0×15.0／写真製版

37		マルタン
		オグラディ博士の演説
		Le Discours du Docteur O'Grady
		1932年／20.8×15.6／写真製版

38		ガゼット・デュ・ボン・トン―芸術、モード、アクセサリー
		Gazette du Bon Ton. Art, Modes et Frivolités
		1912-25年／24.7×19.0／ポショワールおよび写真整版（後期のもの）

38-1	マルティ	2人のおばかさん：ドゥイエのレヴェイヨン（クリスマス・イブや大晦日の夜の祝い）のドレス
		Les Deux Nigauds. Robe de réveillon de Dœuillet.
		1914年1月 (Pl. Ⅶ)
38-2	マルティ	庭の最初の花：ドゥイエの春のドレス
		La Première Fleur du Jardin. Robe printanière de Dœuillet.
		1914年4月 (Pl. 35)
38-3	マルティ	春：朝のドレス、ドゥイエ作
		Printemps. Robe du matin, de Dœuillet.
		1920年3月 (Pl. 15)
38-4	マルティ	シンデレラ：イブニングドレス、ドゥイエ作
		Cendrillon. Robe du soir, de Dœuillet.
		1920年5月 (Pl. 29)
38-5	マルティ	そらっ！：ダンスのためのアフタヌーンドレス、ドゥイエ作
		Hop La! Robe pour danser l'après-midi, de Dœuillet.
		1921年 (Pl. 4)
38-6	マルティ	あの方、私のこと思ってくれているのかしら？：ドレス、ポール・ポワレ作
		Pense-t-il à Moi? Robe, de Paul Poiret.
		1921年 (Pl. 38)
38-7	マルティ	人なつっこい雌鹿：ドレス、ポール・ポワレ作
		La Biche Apprivoisée. Robe, de Paul Poiret.
		1922年 (Pl. 32)
38-8	マルティ	アトリの巣：アフタヌーンドレスと少女のドレス、ジャンヌ・ランバン作
		Le Nid de Pinsons. Robe d'après-midi et robe de fillette, de Jeanne Lanvin.
		1922年 (Pl. 45)
38-9	マルティ	うちひしがれた美女：イブニングドレス、ポール・ポワレ作
		La Belle Affligée. Robe du soir, de Paul Poiret.
		1922年 (Pl. 59)
38-10	マルティ	かわいい顔：少女のドレスと若いマダムのドレス、ジャンヌ・ランバン作
		La Bonne Frimousse. Robe de petite fille et robe de jeune femme, de Jeanne Lanvin.
		1923年 (Pl. 4)
38-11	マルティ	田園に向かって開かれた扉：アフタヌーンドレス、ポール・ポワレ作
		La Porte Ouverte sur la Campagne. Robe d'après-midi, de Paul Poiret.
		1923年 (Pl. 6)
38-12	マルティ	待ちかねた手紙：イブニングドレス、ポール・ポワレ作
		La Lettre Attendue. Robe du soir, de Paul Poiret.
		1923年 (Pl. 22)

39 マルティ
モード・エ・マニエール・ドージュルデュイ（今日のモードと着こなし）
Modes et Manières d'Aujourd'hui, 1919
1921年／27.7×18.1／ポショワール／全12点

40 イリュストラシオン　クリスマス特集号
L'Illustration NÖEL
マルティ　1930年、1931年、1933年／30.2×22.8／カラー写真製版

41 フェミナ
Femina
1901年-現在／34.5×25.4／カラー写真製版
マルティ　1926年7月号

42 私たちの洗礼
Nos Baptêmes
刊行年不詳／24.5×32.5／カラー写真製版

　　マルティ　芝生の上で
　　　　　　Sur le Gazon (No.1428, Série 7)

43 マルティ
誘惑者
Le Séducteur
1926年（奥付では1927年となっているが、MONOD本では1926年）／29.0×22.5／エングレーヴィング・ポショワール

44 マルティ
フローラの王冠
Le Diadème de Flore
1928年／19.4×13.5／木口木版・ポショワール

45 マルティ
アルフレッド・ド・ミュッセ作品集
Œuvres, Alfred de Musset
1932-36年／19.2×13.2／ポショワール

46 マルティ
ある子供の物語
Le Roman d'un Enfant
1936年／22.9×18.0／ポショワール

47 マルティ
ビリチスの歌
Les Chansons de Bilitis
1937年／21.7×15.2／ポショワール

48	マルティ 聖書物語 L'Histoire Sainte 1938年／31.8×24.0／カラー写真製版	

| 49 | マルティ
君とぼく
Toi et Moi
1939年／20.8×14.8／ポショワール | |

| 50 | マルティ
カリストーディアナの小さなニンフ
Callisto-La Petite Nymphe de Diane
1944年／27.3×20.5／カラー写真製版 | |

| 51 | マルティ
ペレアスとメリザンド
Pelléas et Mélisande
1944年／21.0×16.0／ポショワール | |

| 52 | マルティ
青い鳥
L'Oiseau Bleu
1945年／20.3×14.3／ポショワール | |

| 53 | マルティ
トリスタンとイズーの物語
Le Roman de Tristan et Iseut
1947年／20.4×14.6／ポショワール | |

| 54 | マルティ
3つの物語
Trois Contes
1948年／29.0×23.8／木口木版・ポショワール | |

| 55 | マルティ
シルヴィーヴァロワの思い出
Sylvie　Souvenirs du Valois
1949年／16.5×12.6／木口木版・ポショワール | |

| 56 | マルティ
雅歌
Le Cantique des Cantiques
1949年／31.5×21.0／木口木版・ポショワール | |

57　マルティ
聖ヨハネ祭の夜
La Nuit de la Saint-Jean
1951年／21.5×17.5／ポショワール

58　楽譜『ゴベイ薬学研究所』
Les Laboratoires Gobey
1920年代／24.1×15.7／写真製版

　　マルティ　No.1「ロンド」　La Ronde　作詞ポール・フォール　作曲C・A・P・リュイサン
　　マルティ　No.3「シャンソン」　Chanson　作詞アレクサンドル・アルヌー　作曲C・A・P・リュイサン
　　マルティ　No.4「子守歌」　Berceuse　作詞A・F・エロルド　作曲C・A・P・リュイサン
　　マルティ　No.5「噂」　Rumeur　作詞ロベール・ド・モンテスキュー　作曲C・A・P・リュイサン
　　マルティ　No.6「けんか」　La Dipute　作詞マリ・ヴァンカリス　作曲C・A・P・リュイサン
　　マルティ　No.7「子供の王様」　L'Enfant Roi　作詞グリレーヌ　作曲C・A・P・リュイサン
　　マルティ　No.8「三羽の小鳥」　Trois Petis Oiseaux　作詞マリ・ヴァンカリス　作曲C・A・P・リュイサン

59　マルティ
ポスター『第25回 装飾美術家協会展　会場グラン・パレ　会期5月3日-7月14日』
Société des Artistes Décorateurs 25ᵉ Salon Grand Palais du 3 Mai au 14 Juillet
1935年／39.8×29.8／カラー写真製版

60　マルティ
『ボン・マルシェ・デパート』1月の年初セールのためにつくったパンフレット
Au Bon Marché Exposition Unique au Monde, Pendant tout le mois de Janvier
刊行年不詳／27.0×20.7／カラー写真製版

61　マルティ
『赤ずきんちゃん』フェルナン・ナタン刊
Chaperon Rouge　Fernand Nathan
1930年代後半／34.5×94.5

62　マルティ
マルティの原画『ヴォーグ・アイ　ヴュー・オブ・ザ・モード』
Vogue-Eye View of the Mode
制作年不詳／24.0×33.5／21.9×30.8

63　マルティ
マルティの原画『トリエンナーレ・ド・パリ　国際現代美術展』
La Triennale de Paris Exposition Internationale d'Art Contemporain
制作年不詳／33.6×26.2

64　マルティ
マルティの原画『ベル・ジャルディニエール：制服』
Belle Jardinière: Livrées
制作年不詳／31.2×24.0

＊以下は図版不掲載の鹿島茂コレクション作品目録

19世紀のイラストレーター

65 ヴェルネ
   展覧会カタログ「オラース・ヴェルネ：1789-1863　アンクロワイヤーブル・エ・メルヴェイユーズ―25点の水彩画、ベリー公爵夫人のコレクションより」
   Horace Vernet: 1789-1863 Incroyables et Merveilleuses - 25watercolours from the Collection of the Duchesse de Berry
   1991年／24.6×21.0／印刷

66 コー地方、および古ノルマンディー地方のいくつかの郡の女性の衣装
   Costumes des Femmes du Pays de Caux, et de Plusieurs Autres Parties de l'Ancienne Province de Normandie
   1827年／32.5×28.5／エングレーヴィング（ガッティーヌ）・手彩色

66-1　ランテ　ルーアンの働く女性
            Ouvrière de Rouen. (No.15)
66-2　ランテ　クタンスの衣装
            Costume de Coutances. (No.26)
66-3　ランテ　ボルベックの衣装
            Costume de Bolbec. (No.35)
66-4　ランテ　ボルベックの衣装
            Costume de Bolbec. (No.38)
66-5　ランテ　カーンの衣装
            Costume de Caen. (No.45)
66-6　ランテ　サン・バレリ・アン・コーの衣装
            Costume de St. Valery en Caux. (No.56)
66-7　ランテ　ディエップ近郊の衣装
            Costumes des Environs de Dieppe. (No.67)
66-8　ランテ　クタンスの衣装
            Costume de Coutances. (No.76)
66-9　ランテ　ポン・レヴェックの衣装
            Costume de Pont-Lévêque. (No.87)
66-10　ランテ　ポン・トドメールの衣装
            Costume de Pont-Audemer. (No.89)
66-11　ランテ　グランヴィルの衣装
            Costume de Grandville. (No.99)
66-12　ランテ　グランヴィルの衣装、晴れ着
            Costume de Grandville, Grande Parure. (No.103)

67 ハンブルク、ティロル、オランダ、スイス、フランケン、スペイン、ナポリ王国等の女性の衣装
   Costumes des Femmes de Hambourg, du Tyrol, de la Holande, de la Suisse, de la Franconie, de l'Espagne, du Royaume de Naples, etc.
   1827年／32.5×24.6／エングレーヴィング（ガッティーヌ）・手彩色・一部写真製版

67-1　ランテ　スイス、ウンターヴァルデン州の娘
            Jeune Fille du Canton d'Unterwalden, en Suisse. (No.37)
67-2　ランテ　スイス、ツーク州の娘
            Jeune Fille du Canton de Zug, en Suisse. (No.38)

67-3　ランテ　晴れ着姿のオート・カルニオールの農婦
　　　　　　　Paysanne de la Haute Carniole en Habit de Fête.（No.48）
67-4　ランテ　マドリッドの衣装
　　　　　　　Costume de Madrid.（No.63）
67-5　ランテ　マドリッドの衣装
　　　　　　　Costume de Madrid.（No.64）

20世紀のイラストレーター

68　　ガゼット・デュ・ボン・トン―芸術、モード、アクセサリー
　　　Gazette du Bon Ton. Art, Modes et Frivolités
　　　1912-1925年／24.7×19.0／ポショワールおよび写真製版（後期のもの）

68-1　ルパップ　どちらにしようかしら？：ポール・ポワレのイブニングドレス
　　　　　　　　Laquelle? Robe du soirée de Paul Poiret.
　　　　　　　　1913年（Pl. V）
68-2　ルパップ　おやまあ！　何て寒いのかしら…：ポール・ポワレの冬のコート
　　　　　　　　Dieu! Qu'il fait froid... Manteau d'hiver de Paul Poiret.
　　　　　　　　1913年10月（Pl. IV）
68-3　ルパップ　施し：一風変わった婦人用スーツ
　　　　　　　　L'Aumône. Tailleur de fantaisie.
　　　　　　　　1914年2月（Pl. 11）
68-4　ルパップ　真紅のコート：ポール・ポワレの夜のコート
　　　　　　　　Le Manteau de Pourpre. Manteau du soir de Paul Poiret.
　　　　　　　　1914年2月（Pl. 19）
68-5　ルパップ　鏡の提示：晩餐会のドレスと少女のドレス、ジャンヌ・ランバン作
　　　　　　　　La Présentation du Miroir. Robe de Dîner et Robe de Fillette, de Jeanne Lanvin.
　　　　　　　　1923年（Pl. 17）
68-6　ルパップ　散歩の時間：コート、ジャンヌ・ランバン作
　　　　　　　　L'heure de la Promenade. Manteaux, de Jeanne Lanvin.
　　　　　　　　1923年（Pl. 21）

69　　ルパップ
　　　フイエ・ダール
　　　Feuillets d'Art
　　　1919年8月／33.0×26.4／写真製版（本文記事掲載）

70　　ルパップ
　　　ヴォーグ
　　　Vogue
　　　1922年3月号／32.2×24.6／カラー写真製版

71	ルパップ	

71 ルパップ
ルノー社1920年型モデルTORPÉDO DU SALON TYPE HD 40CV-6CYLINDRE のポスター
ああ、わたしの車、なんてきれいなの！
L'Affiche de Renaut, TORPÉDO DU SALON TYPE HD 40CV-6CYLINDRE
O Ma Belle Auto!
1920年／20.5×26.5／カラー写真製版

72 ルパップ
はじめての離乳食
Première Bouillie
刊行年不詳／22.1×15.6／カラー写真製版

73 ルパップ
休日
En Vacances
刊行年不詳／22.2×15.4／カラー写真製版

74 ルパップ
シネマ
Cinéma 1943
1943年／18.4×21.3／カラー写真製版

75 ジュルナル・デ・ダム・エ・デ・モード
Journal des Dames et des Modes
1912-14年／23.3×15.3／ポショワール

75-1　マルタン　選ぶのがたいへん：1913年元旦に、『ジュルナル・デ・ダム・エ・デ・モード』の友の会に捧げられたプレート
　　　　　　　Choix Difficile. Dédié à l'occasion du 1er Janvier 1913 aux Amis du Journal des Dames et des Modes.
　　　　　　　1913年
75-2　マルタン　パリの衣装：マダム・マルセル・ドゥメイのニュー・モデル、秋シーズンの帽子
　　　　　　　Costumes Parisiens. Modèles de Mme Marcelle Demay. Chapeaux d'Automne: 1. Satin blanc fantaisie Paradis noir. 2. Bonnet Hollandais fond or broderie laine couleurs. 3. Tricorne velours et Paradis olive. 4. En velours et moire, couronne d'autruche frisée. 5. Bergère Louis XVI, crêpe de Chine blanc, panne noire et camelias. 6. Velours canard pouff autruche. 7. Bonnet du soir, broché, œuf d'aigrette. 8. Le Mignon: en velours noir boules multifil. 9. En velours saphir soierie écossaise. 10. En velours fantaisie Paradis rubis.
　　　　　　　1912年 (Pl. 19)

76 ガゼット・デュ・ボン・トン―芸術、モード、アクセサリー
Gazette du Bon Ton. Art, Modes et Frivolités
1912-25年／24.7×19.0／ポショワールおよび写真整版（後期のもの）

76-1　マルタン　聖ヨセフ聖人伝：第2幕の場面
　　　　　　　La Légende de Joseph. Scène du IIe acte.
　　　　　　　1914年7月 (Pl. 65)
76-2　マルタン　エメラルドの女：トラ革のコート、マックス=ルロワ作
　　　　　　　La Femme à l'émeraude. Manteau en Tigre, de Max-Leroy.
　　　　　　　1923年 (Pl. 23)

77　ル・スーリール
　　Le Sourire
　　1899年-1936年 (?)／30.2×22.8／多色刷石版・カラー写真製版
　　マルタン　1909年11月27日号
　　マルタン　1910年1月22日号
　　マルタン　1910年2月12日号
　　マルタン　1910年6月4日号
　　マルタン　1910年7月2日号
　　マルタン　1910年7月9日号
　　マルタン　1910年8月6日号
　　マルタン　1910年9月
　　マルタン　1910年10月22日号
　　マルタン　1910年12月29日号

78　ラ・ヴィ・パリジェンヌ
　　La Vie Parisienne
　　1863-1930年代／33.0×25.8／多色刷石版・写真製版
　　マルタン　1911年12月16日号
　　マルタン　1911年12月23日号
　　マルタン　1912年1月6日号
　　マルタン　1913年2月22日号
　　マルタン　1913年3月1日号
　　マルタン　1913年3月8日号
　　マルタン　1913年4月5日号
　　マルタン　1913年4月26日号
　　マルタン　1913年5月3日号
　　マルタン　1913年5月10日号
　　マルタン　1913年5月17日号
　　マルタン　1913年5月31日号
　　マルタン　1913年11月1日号
　　マルタン　1914年1月17日号
　　マルタン　1914年1月31日号
　　マルタン　1914年3月7日号
　　マルタン　1914年4月11日号
　　マルタン　1914年5月2日号
　　マルタン　1914年5月30日号

79　フェミナ
　　Femina
　　1901年-現在／34.5×25.4／カラー写真製版
　　ルパップ、マルタンによる挿絵　1918年3月号
　　マルタン、バルビエによる挿絵　1918年6月号

80　ファンタジオ
　　Fantasio
　　1906-19年／30.0×21.0／カラー写真製版
　　マルタン　1919年4月1日号
　　マルタン　1919年5月15日号
　　マルタン　1919年6月1日号

マルタン　1919年7月15日号
マルタン　1919年9月15日号

81　マルタン
　　グラフィック・アート通信（版画通信）
　　Le Courrier graphique
　　1939年3月／27.3×21.7／写真製版

82　ガゼット・デュ・ボン・トン―芸術、モード、アクセサリー
　　Gazette du Bon Ton. Art, Modes et Frivolités
　　1912-25年／24.7×19.0／ポショワールおよび写真整版（後期のもの）

82-1　マルティ　バラの愛撫：晩餐会のドレス、ドゥイエ作
　　　La Caresse à la rose. Robe de dîner de Dœuillet.
　　　1912年（No.1-Pl. III）

82-2　マルティ　トスカーナの夕べ：ドゥイエのアフタヌーンドレス
　　　La Soirée Toscane. Robe d'après-midi de Dœuillet.
　　　1913年10月（Pl. VIII）

82-3　マルティ　銀鼠色のパントゥフル（部屋履き）：ダンスするルイ14世
　　　La Pantoufle de vair. Danseur Louis XIV.
　　　1913年2月（Pl. 1）

82-4　マルティ　やっと、すこし日陰に入れたわ！：ドゥイエのアフタヌーンドレス
　　　Un Peu d'ombre, enfin! Robe d'après-midi de Dœuillet.
　　　1913年6月（Pl. V）

82-5　マルティ　乳姉妹：ドゥイエのアフタヌーンドレス
　　　Les Sœurs de lait. Robe d'après-midi de Dœuillet.
　　　1914年（Pl. 17）

82-6　マルティ　帰りましょう。夜気が冷たいから…：ドゥイエのイブニングドレス
　　　Rentrons, La Fraîcheur tombe... Robes de soir de Dœuillet.
　　　1914年6月（Pl. 60）

82-7　マルティ　やるせない心…：公園のドレス
　　　Mon Cœur soupire... Robe de parc.
　　　1914年7月（Pl. 62）

82-8　マルティ　ほら、あれよ！：夏のドレス、ドゥイエ作
　　　Les Voila! Robes d'été, de Dœuillet.
　　　1920年（Pl. 36）

82-9　マルティ　「これかしら？…これかしら？…それともこれ？…やっぱり、これ？…」：晩餐会のドレス、ドゥイエ作
　　　"De ceci?... De ceci?... De ceci?... Ou de ceci?..." Robe de dîner, de Dœuillet.
　　　1921年（Pl. 70）

82-10　マルティ　12月の公園：婦人用スーツ、ドゥイエ作
　　　Le Parc en Décembre. Tailleur, de Dœuillet.
　　　1921年（Pl. 77）

82-11　マルティ　ちょっと風に：イブニングドレス、ポール・ポワレ作
　　　Un Peu d'air. Robe du soir, de Paul Poiret.
　　　1921年（Pl. 21）

82-12　マルティ　召し上がれ、マダム：夜のコート、ポール・ポワレ作
　　　Bon appétit, Madame. Manteau du soir, de Paul Poiret.
　　　1923年（Pl. 15）

82-13　マルティ　芝生の上で：ドレス、ポール・ポワレ作
　　　Sur la pelouse. Robe, de Paul Poiret.
　　　1924-25年（Pl. 59）

83 イリュストラシオン　1937年パリ万国博覧会特集号（特別号）
L'Illustration Exposition Paris 1937 Album hors série
マルティ／1937年／30.2×22.8／カラー写真製版

84 マルティ
ある若妻への手紙
Lettre à Une Jeune Mariée
1927年／24.2×17.0／著：ドゥニ・ディドロ、出版元：グザヴィエ・アヴェルマン／パリ刊、イラストレーター：マルティ、挿絵技法：エッチング、図版数：別丁図版・計4葉、部数：355部　鹿島茂コレクション No.137

85 マルティ
シュゼットと礼儀作法
Suzette et le Bon Ton
1933年／18.5×14.0／著：マッド・H・ジロー、出版元：ゴーティエ・ラングロー／パリ刊、イラストレーター：マルティ、挿絵技法：木口木版

86 マルティ
ダフニスとクロエの牧歌的恋物語
Les Amours Pastorales de Daphinis et Chloé
1934年／19.5×13.0／著：ロンギュス、出版元：エミール・シャモンタン／パリ刊、イラストレーター：マルティ、挿絵技法：ポショワール、図版数：別丁図版・計8葉（内、別丁口絵1葉）、部数：1768部　鹿島茂コレクション No.1768

87 マルティ
消えた光
La Lumière qui s'éteint
1935年／23.0×16.0／著：ラドヤード・キップリング、出版元：ドゥラグラーヴ書店／パリ刊、イラストレーター：マルティ、挿絵技法：ポショワール、図版数：別丁図版・計12葉（内、別丁口絵1葉、別丁図版11葉）、部数：1216部　鹿島茂コレクション No.529

88 マルティ
カンディド あるいはオプティミスム
Candide ou l'Optimisme
1937年／19.9×13.2／著：ヴォルテール、出版元：クリュニー書店／パリ刊、イラストレーター：マルティ、挿絵技法：ポショワール、図版数：別丁図版・計19葉（全てテクスト版組図版）、部数：記載がないが、おそらく2000部　鹿島茂コレクション No.439

89 マルティ
幼年期／ある貧しい青年士官
Prime Jeunesse
1937年／22.7×17.9／著：ピエール・ロティ、出版元：カルマン・レヴィ書店／パリ刊、イラストレータ　：マルティ、挿絵技法：ポショワール、図版数：別丁図版・計33葉（内、別丁図版14葉）、部数：1120部

90 マルティ
風車小屋便り
Lettres de Mon Moulin
1938年（初版）、1940年（再版）／20.5×14.3／著：アルフォンス・ドーデ、出版元：H・ピアッツァ書店／パリ刊、イラストレーター：マルティ、挿絵技法：ポショワール、図版数：計40葉、部数：初版3500部・再版3500部　鹿島コレクション：No.1222

91　マルティ
マノン・レスコー
Manon Lescaut
1941年／20.3×14.3／著：アベ・プレヴォ、出版元：ラモ・ドール書店／パリ刊、イラストレーター：マルティ、挿絵技法：ポショワール、部数：3500部　鹿島茂コレクション：No.2239

92　マルティ
クレーヴの奥方
La Princesse de Clèves
1942年／20.0×13.5／著：ラ・ファイエット夫人、出版元：エミール・ポール書店／パリ刊、イラストレーター：マルティ、挿絵技法：ポショワール、部数：1041部　鹿島茂コレクション No.630

93　マルティ
グニドの神殿
Le Temple de Gnide
1942年／21.0×13.5／著：シャルル・ド・モンテスキュー、出版元：エミール・シャモンタン出版社／パリ刊、イラストレーター：マルティ、挿絵技法：エッチング、図版数：計15葉、部数：1530部（非売品含む）　鹿島茂コレクション：No..1126　「古典傑作小品叢書」の第2巻として刊行された。

94　マルティ
現代育児学の問題と様相
Problèmes et Aspects de la Puériculture Moderne
1943年／23.3×17.6／出版元：児童国家委員会と国立育児学高等学校の後援による出版／パリ刊、イラストレーター：マルティ、挿絵技法：カラー写真製版、図版数：計64葉（内、別丁図版4葉）

95　マルティ
七宝とカメオ
Emaux et Camées
1943年／20.4×15.0／著：テオフィール・ゴーティエ、出版元：H・ピアッツァ書店／パリ刊、イラストレーター：マルティ、挿絵技法：ポショワール（初版）、写真製版（再版）、図版数：計26葉（内、表紙絵1葉、別丁図版の口絵1葉、テクスト版組図版24葉）、部数：初版限定版250部、再版15000部　鹿島茂コレクション：No.14636

96　マルティ
シノプルの宝石箱＝シノンの森の伝説
L'Écrin de Sinople - Légendaire de la Forêt de Chinon
1948年／29.2×23.7／著：（マルセル・デリーの写真とのコラボーレーション）、出版元：ムフロン書店／パリ刊、イラストレーター：マルティ、挿絵技法：ポショワール及写真製版、図版数：別丁図版・計2葉、部数：840部　鹿島茂コレクション No.188

97　マルティ
ポールとヴィルジニー
Paul et Virginie
1949年／21.0×16.3／著：ベルナルダン・ド・サン＝ピエール、出版元：テール・ラティーヌ書店／パリ刊、イラストレーター：マルティ、挿絵技法：ポショワール、図版数：別丁図版・計8葉、部数：2000部　鹿島茂コレクション No.137

98 マルティ
鷲の子
L'Aiglon
1949年／22.6×17.7／著：エドモン・ロスタン、出版元：ピエール・ラフィット書店／パリ刊、イラストレーター：マルティ、挿絵技法：写真製版、部数：2575部　鹿島茂コレクション No.2068

99 マルティ
ランジェ公爵夫人
La Duchesse de Langeais
1950年／20.3×15.4／著：バルザック、出版元：ロンバルディ書店／パリ刊、イラストレーター：マルティ、挿絵技法：銅版エングレーヴィング及びポショワール、図版数：別丁図版・計5葉、部数：3500部　鹿島茂コレクション No.2509

100 マルティ
3日目―蘇生者たち
Le Troisieme Jour - les Ressuscites
1951年／26.3×19.6／著：ジャン・ド・ラ・ヴァランド、出版元：H・ピアッツァ書店／パリ刊、イラストレーター：マルティ、挿絵技法：ポショワール、図版数：計25葉、部数：1500部　鹿島茂コレクション No.11

101 マルティ
マダム…
Madame de ...
1952年／19.2×13.3／著：ルイーズ・ド・ヴィルモラン、出版元：H・ピアッツァ書店／パリ刊、イラストレーター：マルティ、挿絵技法：ポショワール、部数：3250部　鹿島茂コレクション：No.99、No.1908

102 マルティ
街と森の歌―静観詩集
Les Chansons des Rue et des Bois - Les Contemplations
1952年／22.4×14.5／著：ヴィクトル・ユゴー、出版元：アンドレ・マルテル社／パリ刊、イラストレーター：マルティ、挿絵技法：木口木版・ポショワール、部数：4027部（非売品・輸出用含む）　鹿島茂コレクション：No.2944 『ヴィクトル・ユゴー挿絵入り作品全集』の第19巻にあたる。

103 マルティ
ねぇ、ママ、教えてよ
Maman dis-Moi...
1955年／21.1×27.0／著：G・モントルイユ＝ストロース、出版元：デラショー＆ニエストレ／ヌシャテル（スイス）刊、イラストレーター：マルティ、挿絵技法：カラー写真製版

104 マルティ
カッサンドルの恋歌
Les Amours de Cassandre
1957年／25.0×20.5／著：ピエール・ド・ロンサール、出版元：レ・ズール・クレール書店／パリ刊、イラストレーター：マルティ、挿絵技法：ポショワール、図版数：別丁図版・計28葉、部数：1950部　鹿島茂コレクション No.1481

105	マルティ

エレーヌへのソネット
Sonnets pour Hélène
1957年／25.0×20.5／著：ピエール・ド・ロンサール、出版元：レ・ズール・クレール書店／パリ刊、イラストレーター：マルティ、挿絵技法：ポショワール、図版数：別丁図版・計28葉、部数：1950部　鹿島茂コレクション No.1481

106	マルティ

マリアの恋歌
Les Amours de Marie
1957年／25.0×20.5／著：ピエール・ド・ロンサール、出版元：レ・ズール・クレール書店／パリ刊、イラストレーター：マルティ、挿絵技法：ポショワール、図版数：別丁図版・計28葉、部数：1950部　鹿島茂コレクション No.1481

107	マルティ

クリスマス・カードのシリーズ
Meilleurs Vœux de A. É. Marty
1935、37、38、40、45〜70年／各11.0×8.0、30枚／86.5×82.5（額装）

108	マルティ

児童書の宣伝広告『美しい物語－文豪によって子どもたちに語られた-』
Une Belle Histoire : Racontée aux Enfants : Par nos Grands Écrivains
不明

109	マルティ

マルティのデッサン〔カーネーション〕
制作年不詳／26.5×30.5

110	マルティ

マルティのデッサン〔マーガレット〕
制作年不詳／25.0×23.6

111	マルティ

マルティのデッサン〔静物〕
制作年不詳／20.6×21.6

112	マルティ

マルティのデッサン〔コーヒーカップ〕
制作年不詳／21.7×33.8

113	マルティ

マルティの原画　タイトル不詳
制作年不詳／26.0×19.0

114	マルティ

マルティの原画　タイトル不詳
制作年不詳／31.0×20.5

115 マルティ
   マルティの原画　タイトル不詳
   制作年不詳／円形、径16.2

116 マルティ
   マルティの原画　タイトル不詳
   制作年不詳／半円形

117 挿絵画家―マルタン
   Les Artistes du Livre―MARTIN
   1928年／26.8×20.9／著：マルセル・ヴァロテール、序文：ピエール・マッコルラン、編集：マルセル・ヴァロテール、出版：アンリ・バブー書店／パリ刊

118 挿絵画家―A・É・マルティ
   Les Artistes du Livre―A. É. MARTY
   1930年／26.6×20.8／著：ジャン・デュラック、序文：ジェラール・ドゥーヴィル、編集：ジャン・デュラック、出版：アンリ・バブー書店／パリ刊

119 『ガゼット・デュ・ボン・トン』1913年10月号
   26.0×20.3

120 『ガゼット・デュ・ボン・トン』1914年2月号
   26.0×20.3

121 『ガゼット・デュ・ボン・トン』1914年3月号
   26.0×20.3

122 『ガゼット・デュ・ボン・トン』1914年5月号
   26.0×20.3

123 『ガゼット・デュ・ボン・トン』1914年6月号
   26.0×20.3

124 『ガゼット・デュ・ボン・トン』1914年7月号
   26.0×20.3

125 『ガゼット・デュ・ボン・トン』1921年No.1
   26.0×20.3

126 『ガゼット・デュ・ボン・トン』1923年No.4
   26.0×20.3

127 『ガゼット・デュ・ボン・トン』1923年No.5
   26.0×20.3

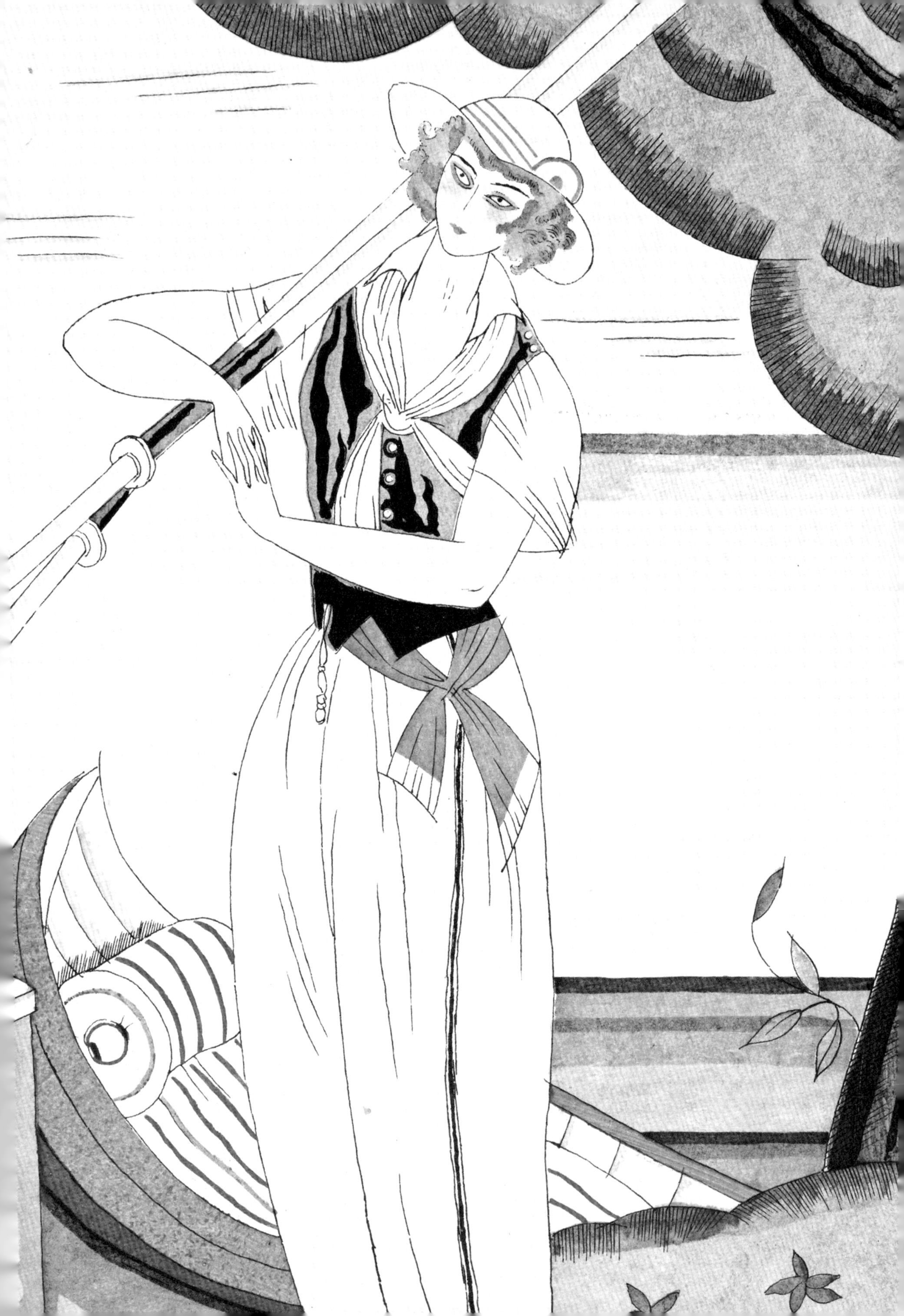

©ADAGP, Paris & JASPAR, Tokyo, 2013　E0589
p.2-3, André Dunoyer de Ségonzac, "Portrait de ANDRÉ ÉDOUARD MARTY"
p.3, André Dignimont, "Portrait de CHARLES MARTIN"
p.3, 8, 134-157, Georges Lepape
p.3, 8, 186-216, André Édouard Marty

本書は「鹿島茂コレクション3　モダン・パリの装い
19世紀から20世紀初頭のファッション・プレート」展
(練馬区立美術館：2013年7月14日〜9月8日)の公式図録兼書籍として刊行しました。

鹿島 茂コレクション3

モダン・パリの装い
19世紀から20世紀初頭のファッション・プレート

発行日　2013年7月25日　初版第1刷
著者　鹿島茂（かしま・しげる）
編集　小野寛子（練馬区立美術館）
作品撮影・画像作成　鹿島 直（NOEMA Inc. JAPAN）

発行者　足立欣也
発行所　株式会社求龍堂
　　　　〒102-0094
　　　　東京都千代田区紀尾井町3-23 文藝春秋新館1階
　　　　電話 03-3239-3381(代)　FAX 03-3239-3376
　　　　http://www.kyuryudo.co.jp

装丁・レイアウト　清水恭子
製作　茂木光治、鹿山芳明
印刷・製本　株式会社東京印書館

©Kashima Shigeru, NOEMA Inc. JAPAN, 2013　Printed in Japan

本書掲載の記事・写真等の無断複写・複製・転載、及び情報システム等への入力を禁じます。
落丁・乱丁はお手数ですが小社までお送りください。送料は小社負担でお取り替え致します。

ISBN978-4-7630-1318-7 C0071

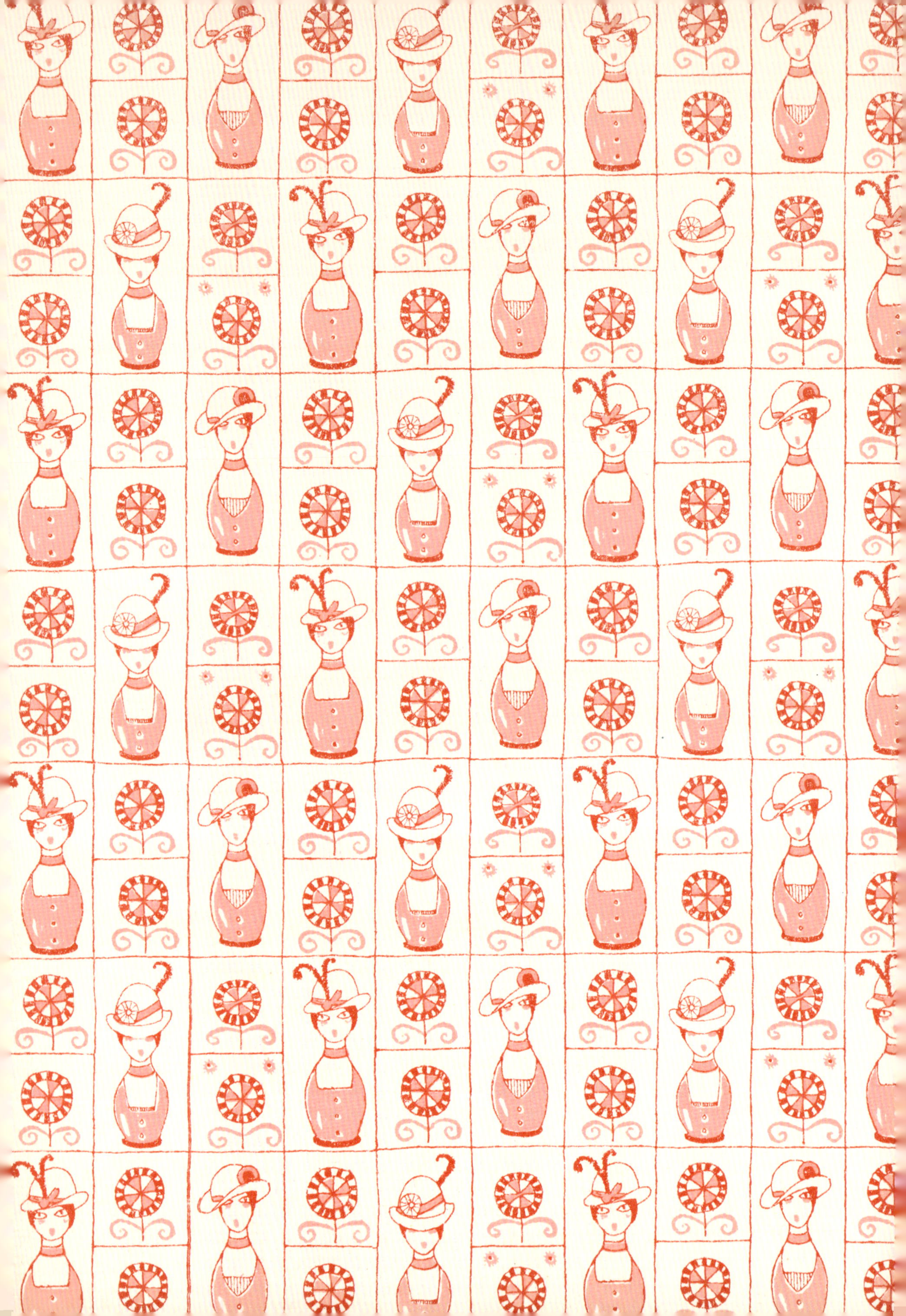